明治の説得王・
末松謙澄

言葉で日露戦争を勝利に導いた男

山口謠司
Yamaguchi Yoji

インターナショナル新書 076

はじめに

「文章は経国《けいこく》の大業《たいぎょう》にして不朽《ふきゅう》の盛事《せいじ》なり」と言う。『三国志』でも知られる魏《ぎ》の初代皇帝・曹丕《そうひ》の言葉で、「文章は国を治めるための重大な事業であり、永遠に朽ちることのない立派な事業である」との意味である。

文章で、日本を創り、日本を守った男がいた。

末松謙澄《すえまつけんちょう》という。

現在の福岡県行橋《ゆくはし》市に、安政《あんせい》二（一八五五）年に生まれた。鎖国の終焉を告げる「日米和親条約」が締結された翌年のことである。

我が国は、ここから、明治三十七（一九〇四）年の日露戦争まで、この不平等条約の撤廃《てっぱい》を目指して全速力で駆け抜けることになる。

西南戦争、大日本帝国憲法発布、日清・日露の戦争と、謙澄はペンを武器に、我が国を創り、我が国を守った。

西郷隆盛《さいごうたかもり》への山縣有朋《やまがたありとも》からの降伏勧告状、大日本帝国憲法、下関条約の締結文の草案を書き、日露戦争では日英同盟の強化などによって日本の窮地を救った。

一方、言文一致運動を起こして現代日本語を作る起点となり、近代演劇、日本美術史という学問分野の創生を図るなど、政治の世界のみならず文化の開拓を行ったのも謙澄だった。

そして、謙澄は『防長回天史《ぼうちょうかいてんし》』という著作を遺《のこ》している。

これは、嘉永《かえい》六（一八五三）年のペリー来航から明治四（一八七一）年の廃藩置県による明治天皇の中央集権体制確立までの長州藩の歴史を書いたものである。

「歴史」と簡単に言うが、歴史書の編纂は、容易《たやす》くできるものではない。

謙澄は、明治十一（一八七八）年、イギリスに「英仏歴史編纂方法研究」を目的として政府から留学を命じられている。以来、大正九（一九二〇）年に『防長回天史』を脱稿するまでの約四十年にわたって「歴史」の編纂方法について悩み考え続けた。

そして脱稿まもなく、当時世界的に流行していたスペイン風邪に罹患《りかん》し、六十六歳で亡くなってしまう。

幕末の漢学者・村上仏山《むらかみぶつざん》に漢学の素養を叩き込まれ、謙澄が上京したのは、明治四（一八七一）年だった。

高橋是清《たかはしこれきよ》、福地桜痴《ふくちおうち》、伊藤博文《いとうひろぶみ》、山縣有朋、井上馨《いのうえかおる》……と次々に政界、言論界の人々と懇《こん》意《い》になり、政治の中枢へと進んで行った。

そして、ついには伊藤博文の次女・生子《いくこ》と結婚することになるのである。

伊藤は、謙澄を養子にしようと考えていたという。言い替えれば、伊藤は謙澄を我が子のように思っていたということになろう。しかし、謙澄はそれを断固として退けた。それは、「分」を弁《わきま》えることを、謙澄は身に染みて知っていたからである。

師・村上仏山の教えは、漢詩文だけではなかった。仏山は、どのような考え方で、どのような振る舞いで生きていくべきかを漢学を通じて謙澄に教えていたのだった。

そうした謙澄の態度は、「歴史」に対しても、また日露戦争下でのヨーロッパでのロビー活動にも表れる。

つねに冷静、客観的に事象を分析し、的確な言葉で伝えていく。

謙澄は、とても魅力的な男だった。エレガントというには程遠く、ほとんど風采《ふうさい》に気を掛けることがなく、しかし野生児のような魅力を持っていた。

伊藤博文の次女と結婚し、明治二十三（一八九〇）年第一回衆議院議員総選挙に当選した頃のことを書いた茶話主人《ちゃわしゅじん》著『維新後に於ける名士の逸談《いつだん》』（明治三十三年、文友館）に次のような話が記される。

広島県三次町《みよしまち》（現・広島県三次市）へ演説会に出掛けた時、町中の人が、どんな美男子だろうと楽しみにしていたところ、「末松は白地の飛白《かすり》が鼠色《ねずみいろ》に変じたのにヘコ帯を締《しめ》て居《おっ》ておまけに尻の当りが七八寸も綻《ほころ》びて居ると云う風体」だったという。

この時謙澄が泊まった宿屋の主人は書画を好む男で、さっそく謙澄に揮毫《きごう》を頼んだが、毛氈《もうせん》がなかった。そこで謙澄が持っていたブランケットを持って来させて毛氈の代わりにしようとしていたら、あいにく主人が持ってきた墨がこぼれてしまった。そのブランケットは、謙澄がイギリス留学中に買った高価なものだったらしい。「所《ところ》が末松は少しも気にせず数葉の書を揮毫して一言も叱らず知らぬ顔をして居たもんだから旅宿の主人も流石《さすが》はと」感心したというのである。

また、前田蓮山《まえだれんざん》著『政治は人格なり』（大正十三年、新作社）には、晩年の謙澄のことを記し「頭《あたま》飛と鬚髯《ひげ》がモヂャモヂャ、洗い洒《ざ》らしらしい紺絣《こんがすり》の単衣《ひとえ》に角帯を締め、ダラシなく胸を現わした、六尺に達するかと思わるる老人が、紙巻煙草を咬《くわ》えながら這入《はい》って来た。左の目を閉づるようにして、片足を聊《いささ》か引き摺《ず》って居る。是《これ》なん枢密顧問官、文学博士、法学博士子爵末松謙澄閣下であった」と紹介される。

謙澄は、博士・大臣の位を得てもまったく若い頃と変わらず、身なりなど気にせず、「ウワツハツハツ」と大きな笑い声を上げて、昔の政界の裏話をしたという。

格好などには一切気を遣わず、どんなことがあっても人に嫌な思いなどさせることがない自然児のような謙澄は、人を惹き付けて止まなかった。

もうひとつ、謙澄の伝を記した荻原善太郎『帝国博士列伝』（明治二十三年、敬業社）を引こう。

「始め君の（ケンブリッチ）大学にあるに当り、傍《かたわ》ら仏独の二学をも研究し其大学に在っては最も雄弁を以て著《あら》わる。然れども平時甚《はなは》だ多言せず。亦《また》豪放ならず。其《それ》一たび事に当れば、議《ぎ》論《ろん》風を生じ、胆大斗《たんだんと》の如し。君の討論会に臨むや、一場活動衆、皆傾聴せりと云う」と。

英仏独語に通じ、ふだんはほとんど無口でありながら、一旦演説を始めれば人の心を奪ってしまうプレゼンテーションの能力をもっていたというのである。

日露戦争の勝敗を超えた先にある、日本という国に対する欧米人の悪感情を和らげ、ジャポニズムと呼ばれる日本文化の素晴らしさを伝えた謙澄。謙澄がいなければ、もしかしたら今の日本はなかったのではないか。

ただ、謙澄が果たした役割の七割は、明らかにはなっていない。大日本帝国憲法の起草にしても日露戦争でのロビイストとしての活動にしても、機密事案として公にされないことも多いからである。

じっさい、日露戦争下、ヨーロッパでレーニンと接触したりしながら諜報活動を行った陸軍武官・明石元二郎《あかしもとじろう》に関する文書も近年ようやくロシアが公開に踏み切って明らかになりつつある現状である。『日本外交文書』『伊藤博文関係文書』などからは窺い知れない謙澄関係の資料は、まだ未発見のまま残されているに違いない。もし、そうした資料によって本書を糾《ただ》す機会があれば望外の喜びである。

二〇二一年春　菫雨白水堂にて

山《やま》口《ぐち》謠《よう》司《じ》

目次

第三章　「改良」運動と日清戦争

※本文中の引用文は読みやすさを優先し、適宜、常用漢字・新かなづかいに改め、ルビを補い、一部漢字をひらがなに換えました。

第一章　筆によって立つ

明治10（1877）年　23歳

真の愛国者・末松謙澄

あゝをとうとよ、君を泣く、
君死にたまふことなかれ、
末に生れし君なれば
親のなさけはまさりしも、
親は刃《やいば》をにぎらせて
人を殺せとをしへしや、
人を殺して死ねよとて
二十四までをそだてしや。

これは、日露戦争で出征する弟に向けて書かれた与謝野晶子《よさのあきこ》の詩、「君死にたまふことなかれ」の一節である。

明治三十七（一九〇四）年二月、明治政府は幕末に結ばれた列強との不平等条約を解消するため、大国・ロシアに戦いを挑んだ。

日本という「国」を守るためである。

ただ、戦争となれば「人」を「死」に遣《や》ることになる。

日露戦争における日本側の戦没者は八万五千八十二人。

与謝野晶子の「君死にたまふことなかれ」は、全日本国民の気持ちであった。

もちろん、当時の政府の要人も、戦争がしたかったわけではない。

戦力においてはロシア側五十万人。それに対して日本側は三十万人しかいない。

戦費にしても、日本は一億五千万円の外貨調達をしなければならなかった。

しかし、明治政府は、それでも戦争を避けることができなかった。

人の命を尊いと思わなかったわけではない。

ただ、やらなければ、不平等条約下でさらに苦しみ喘《あえ》ぐ人々を生む。

はては日本という「国」が失われる可能性すらあり、日本が仕掛けたこの戦争は、世界大戦への火種ともなりかねなかった。

日本という「国」が、この日露戦争を機に近代化を果たし、不平等条約を解消することができた背景には、じつは末松謙澄《すえまつけんちょう》という男がいたのである。

しかし、謙澄は、今となっては、ほとんど誰も知らない人となってしまっている。

政治家でもあり、歴史家でもあり、ロビイストでもあり、日本美術史家でもあり、漢詩人でもありと、あまりにも多面的に活躍したために、ひとことで紹介するのが難しいというのも、謙澄の名前が忘れられた理由のひとつである。

しかし、謙澄は、世界的な視座から日本の政治、外交、歴史、文化を包括的に概観できる人だった。

というより、そういうことができた人は、当時、謙澄以外にはいなかったのではないだろうか。

日露戦争という我が国未曽有《みぞう》の岐路に当たって、謙澄以外に、我が国が置かれた状況を第三者としての視点で分析し、それをヨーロッパの人たちに理解してもらえるように説明できる者はいなかった。

謙澄は、イギリス人、フランス人を相手に日本の文化を語り、日本人の精神を語った。そしてヨーロッパで芽吹いていた「ジャポニズム」の本質を伝え、我が国の特質が好戦的なものではないことを説いていったのだった。

ロシア帝国に勝利したとしても、もしここで国際的に孤立してしまえば、明治以来三十年の間に構築しつつあった近代国家としての「日本」は無に帰してしまうかもしれなかったのだ。

謙澄なしには、日露戦争の勝敗の如何に拘《かか》わらず、日本はすべてを失うことになっていたのかもしれなかった。

そうした意味においても、謙澄は「真の愛国者《パトリオット》」であったということができるだろう。

ロビイストとは

政策に影響を及ぼす目的での個人あるいは団体の活動を「ロビー活動」、そしてそういう活動をする人を「ロビイスト」という。

たとえば、オリンピック・パラリンピックの開催、万国博覧会招致などは、ロビー活動をするロビイストが不可欠であるとされる。

オリンピックの招致には、少なくとも政治的問題の調整、国際的な人間関係、資金の調達、国際的にアピールができる広報など幅広い分野での活動が行われなければならない。

しかし、これを全体として統括する人を見つけることは非常に難しい。

たとえば、歴史的な人物で言えば、ロビイストとして次のような人を挙げることができるだろう。

幕末に幕臣として江戸城の無血開城を成功させた勝海舟《かつかいしゅう》や山岡鉄舟《やまおかてっしゅう》、太平洋戦争後の吉田《よしだ》茂《しげる》内閣の下、「終戦連絡中央事務局」に参与した白洲次郎《しらすじろう》。

日露戦争の場合も、誰かが、水面下でのロビー活動を行うことが必要だった。

先見の明を持ってそれを行ったのが謙澄だったのである。

謙澄は、当時、政治の中枢にいた伊藤博文の女婿《むすめむこ》であったこともあって、政府が直面した課題を見通す力があった。

当時、日銀副総裁であった高橋是清《たかはしこれきよ》とは若い時からの友人で、国家の経済的負担にも精通していた。

若い頃から「東京日日新聞」に海外のニュースを報じ社説を書くなど、広く国内外の動きにも敏感であった。

また、英国ケンブリッジ大学への留学経験を活かし、客観的に国内問題を見通し、それをどのように解決することが賢明かを見つめ、進言することができる地位にあった。

様々な面からしても、謙澄ほどのロビイストは、当時の日本にはいなかったのである。

『防長回天史』

謙澄には『防長回天史《ぼうちょうかいてんし》』という十二巻に及ぶ著作がある。

これは、謙澄が単独で編纂した長州《ちょうしゅう》・毛利家《もうりけ》の史料から描かれた明治維新史である。

明治という時代の中枢にいた長州藩士、吉田松陰《よしだしょういん》、高杉晋作《たかすぎしんさく》、木戸孝允《きどたかよし》、伊藤博文、井上馨、山縣有朋などの行動、また明治天皇を中心として動き出した新政府と、対する幕府方の動向などが第一次史料を使って克明に描き出される。

謙澄に、こうした史料の編纂が可能だったのは、若い時に英国、ケンブリッジ大学で学んだからということだけが理由ではない。

謙澄は、非常に高い見識と冷徹な視点で、自分の人生をも呑みこんだ「明治維新」が何だったのかを見ようとしたのだった。

この『防長回天史』は、明治維新史を専門とする研究者はもちろん、作家・司馬遼太郎《しばりょうたろう》などによっても、欠くことのできない第一級の史料として利用されてきた。

ロビイストとして活躍した謙澄は、つねに「歴史」という大きな流れの中から物事を見つめる力も持っていた。

いや、そうした揺るがない視点を持っていたからこそ、ロビイストとして実力を発揮できたのかもしれなかった。

では、謙澄はどのような教育や学問を経て、このような人物になったのだろうか。

謙澄が生まれた時代

末松謙澄は、大正九（一九二〇）年、享年六十六で亡くなった。

当時の男性の平均寿命が四十二・一歳だったことからすれば、長命と言えるかもしれない。

死因は当時流行したスペイン風邪であった。

『防長回天史』の擱筆《かくひつ》からわずか二か月後、全巻発行までの準備をしてまもなくのことである。

謙澄は、まだ活字にならない『防長回天史』の原稿を遺《のこ》して亡くなったのだった。

このことについては後に詳しく記したいと思うが、一九二〇年から遡《さかのぼ》ること六十五年、謙澄の生年は安政《あんせい》二（一八五五）年になる。

安政（一八五四〜一八六〇）という元号は、「庶人《しょじん》政《まつりごと》に安ければ、然《しか》る後《のち》君子位《くらい》を安んず」という『荀子《じゅんし》』（『群書治要』巻三十八所引）の言葉に由来して作られた。

「庶民が今の治世に満足して安心して暮らして初めて、君主も自分の置かれた地位に安心していられる」というのである。

しかし、「安政」の代は、まったく庶民が「安心」に暮らしていられる時代ではなかった。日本史の教科書に書かれるように、「安政の大地震」「安政の大獄《たいごく》」「桜田門外《さくらだもんがい》の変」など、大きな転換を求められる出来事が起こり、国中が右往左往し始める時代だった。

安政元（一八五四）年十一月五日に起こった南海トラフを震源とした大地震では、マグニチュード八・四〜八・六。房総半島から、伊豆下田、熊野、土佐まで津波が押し寄せ、甲浦《かんのうら》（現・高知県安芸郡東洋町）では高さ十メートルを記録した。

地震と津波による死亡者は二千人から三千人とも伝えられる。

また、安政の大獄（一八五八〜一八五九）では、吉田松陰が三十歳、橋本《はしもと》左内《さない》は二十六歳で刑死に処せられている。

安政七（一八六〇）年三月三日の桜田門外の変では、大老・井伊《いい》直弼《なおすけ》が、水戸藩からの脱藩者十七名と薩摩藩士一名によって暗殺された。

そして、オランダ理事官クルチウスが、イギリスとフランスの連合軍と清朝との間で起こったアロー号事件（いわゆる「第二次アヘン戦争」）を長崎奉行に知らせたのは安政四（一八五七）年二月一日である。この時、クルチウスは、幕府のアメリカとの通商条約拒否の方針に警告を発したという。安政五（一八五八）年六月十九日、幕府はついに日米修好通商条約・貿易章程《ぼうえきしょうてい》を江戸で調印すると、その年の内に、日蘭、日露、日英、日仏の修好条約を結ばされ、五年後の文久二（一八六二）年には横浜に英仏守備兵が駐屯すること、輸入品税率引き下げに関する協定にも調印させられ、あっというまに一方的な不平等条約の罠に掛けられていくことになる。

謙澄が生まれた時代、我が国は、まさに内憂外患を抱えた状態であった。

こうした時代の波は、末松家にも及び、謙澄の一生を大きく動かすことになる。

幼名、線松

末松謙澄、幼名を「線松《せんまつ》」と名づけられた。

「末松線松」と、「松」がふたつ重なるなど、少しおかしくはないか。

また、「千松」か「専松」ならまだしも、なぜ「線松」なのか——。

「線」という字からは、「腺病質《せんびょうしつ》」「線が細い人」などと言うように、病気がちの子ども、あるいは、「線」は「真っ直ぐ」という意味もあるので、人の言うことを聞かないような剛直な子どもだったのだろうかという印象を受ける。

人の名前をあれこれ言っても仕方ないが、やはり、人の名前には何か、その人の一生に深く関係するサインがあるように思われる。

牽強付会《けんきょうふかい》と言われるかもしれないが、「線松」という名前を、漢字の字源から考えてみよう。

「線」は「糸」と「泉」が合わさって作られたものである。

まず「泉」から説明しよう。

「白」は、古代中国では、「ホワイト」ではなく「透明」を意味した。

たとえば「白酒」と書くと、日本でいう泡盛、焼酎などの蒸留酒をいう。透明で向こう側が透き通って見える酒である。つまり「泉」とは「透明な水が、滾滾《こんこん》と湧き出る」ことを表す。

そして、これに「糸」がついて、世代を超えて絶えることなくずっと流れ続けることを意味する。

「糸」は、中国の古典では、永遠に、切れることなく、紡《つむ》がれ、続くことを象徴している。

たとえば、「経書《けいしょ》」「経典《きょうてん》」の「経」とは、人が人として生きていく上での普遍の教えとして、受け継がれていくものを表す。

「紀」も同じである。右側の「己」は、一本の糸が切れたとしても、次の糸がそれを受け継ぎ、また後世に伝えて行くことを意味する。

『日本書紀』は、古くは『日本紀』と書かれたが、これは、切断されることのない「皇位」の継承を記したものだからである。

水戸藩第十代藩主・徳川慶篤《とくがわよしあつ》の正室、有栖川宮《ありすがわのみや》熾仁《たるひと》親王の第一王女の名前も「線《いと》の宮《みや》」といった。後「線姫」と呼ばれることになる。

それでは、「松」とは何を意味するのだろうか。

「松」という漢字は、もともとは「むこうが透けて見える木」を表す。

松の葉は、針のようになっていて、木の先が透けて見える。「公」は、「ム」が「上に向いた矢印」を表し、「八」の字に開いたところから出ていることを示すからである。

つまり、「松」は、大きく開かれたことを意味するのだ。

「線松」という名前は、公の事に従事して、永遠に紡いでいかれる日本という国に貢献するという人物にふさわしい名前であったとも考えられるのである。

末松線松は、後に「笹波萍二《ささなみひょうじ》」というペンネームを使ったりするが、衆議院議員当時の三十五歳以降「謙澄」と名乗るようになる。これについてはまた後で述べることとして、以降、とくに彼の別名が必要な場合を除き、本書では、「謙澄」と記して、話を進めたい。また、本書では謙澄の年齢は数え年で表記している。

末松家

謙澄は、京都郡《みやこぐん》稗田村（「前田村」とも。現・福岡県行橋市《ゆくはしし》）久保手永の大庄屋末松七右衛門の四男として生まれた。

父、七右衛門は国学《こくがく》を修め、和歌をよくした。字を房澄《ふさずみ》、号を臥雲《がうん》という。謙澄が、「謙澄」を公的な名前とした時、父親の号「房澄」の「澄」の一字をもらったことは明らかであろう。

さて、房澄について、謙澄の親族でもある玉江彦太郎《たまえひこたろう》は、久良知重敏《くらちしげとし》口述『末松臥雲先生略歴』という本を引いて次のように記す。

「（房澄は）地方自治の政務に手腕をふるい、特に租税にあかるかった。治水事業、堤防工事、貯水工事に功績をあげ苅田新聞（ママ）、稗田村の豊穣化など、みな彼の遺した偉業である。安政二年の租税法改革、明治七年の地租改革には、民間の代表として召出され、相談にあずかった」（『美夜古文化』所載「末松謙澄年譜解説」一九七五年五月）

こうしたことから推すに、末松家は村の人々からも尊敬されるような家であったと思われる。

房澄と妻・伸子《のぶこ》の間には、十人の子どもが生まれたが、夭折したものもあったらしい。長男・房泰《ふさやす》が父の後を継ぎ、次男・益房は松島という家に養子に行き（いつ、どのような関係の家かなど不明）、三男・房恒《ふさつね》は三十二歳で亡くなる。他に睦、琴、末（二歳で夭逝）があって、謙澄と続く。

謙澄の後に生まれたのが、谷という名の妹、童形（早世）、凱平《がいへい》という二人の弟であった。

村上仏山の弟子になる

さて、父・房澄の親友に、村上仏山《むらかみぶつざん》（一八一〇～一八七九）という詩人がいた。

当時、「詩」と言えば「漢詩」を指す。中国文学の古典を典拠に、漢字を自在に操って挨拶から心情を吐露《とろ》することまでできる漢詩は、高い教養なしには作れない。

仏山は、筑前国秋月《ちくぜんのくにあきづき》（現・朝倉市）の詩人・原古処《はらこしょ》（一七六七～一八二七）、福岡藩の著名な儒者・亀井昭陽《かめいしょうよう》（一七七三～一八三六）、また詩のみならず書画にも優れた儒者・貫名海屋《ぬきなかいおく》（一七七八～一八六三）に師事し、郷里で「水哉園《すいさいえん》」という私塾を開いていた。

謙澄は、慶応《けいおう》元（一八六五）年の十一歳の時に、この仏山の水哉園に入塾した。

現存する仏山堂文庫の「門人帳」慶応元年の入塾者の項に、「当郡前田村、末松線松」と謙澄自身の筆で記されている。

しかし、入塾して一年後の慶応二（一八六六）年夏、謙澄の一生に後々まで大きな影響を与える第二次長州征討が起こる。

豊前豊津《ぶぜんとよつ》すなわち末松家のあった京都郡前田村は小倉《こくら》藩に属していたが、小倉藩は、高杉晋《たかすぎしん》作《さく》率《ひき》いる長州軍に攻められて、肥後《ひご》（熊本県）熊本藩のところに避難せざるを得なくなる。

慶応元年に、藩主・小笠原忠幹《ただよし》は三十九歳で亡くなり、それを嗣《つ》いだのはまだ五歳になったばかりの豊千代丸《とよちよまる》だった。家臣たちは、長州軍の攻撃から身を守るために、豊千代丸を抱いて小倉城にみずから火を放つと、潰走《かいそう》したのだった。

これを、小倉では「御変動」、あるいは「丙寅《へいいん》の役」と呼ぶ。

この騒動は、ただちに末松家にも及んだ。

小倉藩は滅んだという噂が広まり、いわゆる「百姓一揆」が起こる。

庄屋は、藩に代わって農民から税を取りたてる。その税の取りたての際に使われる「水別帳」「人別帳」などを焼き払えと言って、騒動が起きた。

末松家もこの騒動で家を焼かれた。

父は藩用で外出し、兄の房泰も藩の軍に従って不在だったという。

家を失った末松家の人々は、親戚の家を頼る他なかった。

そこで、村上仏山が、塾生である謙澄（線松）を自分の家で預かろうと援助を申し出たのだった。

『仏山堂日記』には、「八月四日晴　一揆騒動の節……見舞書状遣《つかわ》し、線松義《の》、当分此方に遣《やり》置《おき》ては如何哉之段《いかがかのだん》、申遣候処《もうしやりそうろうところ》、二日夜……線松召連此方《めしつれこのほう》に預る」と記されている。

この第二次長州征討は、謙澄の『防長回天史』編纂に大きな影となって襲うことになる。

漢文の素養を身につける

当時、仏山の水哉園には、通常三、四十人の塾生が寄宿していた。しかし、丙寅の役が起こる前から何かしら異変が起きるであろうことを察知した仏山は、七月十三日から、水哉園を一時閉鎖していた。

一揆の後、仏山は、謙澄とは別にもう一人の子どもを招き入れ世話をしたというが、子どもが二人、これから数か月にわたって、仏山に学問の基礎をつけてもらうことになったのである。

謙澄は、仏山亡き後に記した「祭亡師仏山先生文（亡き師・仏山先生を祭《まつ》るの文）」に次のように記している。

丙寅《へいいん》八月藩城《はんじょう》に変《へん》有り。兵燹《へいせん》　我が家に延及《えんきゅう》す。家兄《かけい》　軍《ぐん》に赴《おもむ》き、一家《いっか》流離《るさん》す。先生之を憫《あわれ》み、予をして水哉園に寓《ぐう》せしむ。時に諸生　悉《ことごと》く散じ、空堂《くうどう》、懸磬《けんけい》、鼬鼠《いたち》昼にも見《あら》わる。独《た》だ砲の響き　殷殷《いんいん》として遠き処より至る時、或いは乱隊《らんたい》　大いに中夜《ちゅうや》に叫びて門を掠《かす》めて去る。而《しか》して予　先生と其の間に起臥《きふく》し、学問・驚駭《きょうがい》相い半《なか》ばすること数月。

（第二次長州征討によって小倉城が焼失して、兄は軍役に取られてしまい、一家は離散した。仏山先生は、これを不憫に思い、自分を水哉園で預かってくれた。塾生たちも皆いなくなり、空になった塾にはイタチやネズミが昼間にも出るほど、閑散としている。聞こえ

るのは、遠くで響く大砲の音と夜中に愚連隊が門を叩き壊す音。自分は、この間の数か月、先生と一対一で、学問を教えて頂いた）

これに続いて謙澄は、「嗚呼《ああ》、予《よ》をして学術・文章の未だ多く人後《じんご》に落ちざるは、実《じつ》に先生の賜物《たまもの》なり」（同上「祭亡師仏山先生文」）と言う。自分が、学問と文章力で人に勝っているのは、ひとえに先生の教えによると言うのである。

大正十一（一九二二）年十月に出版された謙澄の詩集『青萍集《せいひょうしゅう》』には、明治十年から大正九年までに謙澄が作った詩が収録されているが、その数じつに七百八十一首に及ぶ。

後に詳しく記すが、謙澄は、漢詩のみならず、『源氏物語』の英訳、『演劇改良意見』『義経再興記』『支那古文学略史』『孝子伊藤公』などの著作、また『ウルピアーヌス羅馬法範《ローマほうはん》』『日本美術全書』の翻訳などおよそ百五十冊ほどの書物を著している。

和文はもとより漢詩漢文、英語を自在に使いこなすようになる素地は、師・仏山の教えが大きかったことは確かであろう。

村上仏山が教育者として実力があったことは、謙澄以外にも優れた弟子が育っていることからも明らかである。

その一人が、吉田学軒《よしだがくけん》である。

学軒は、後、宮内省図書寮の編修官となり、元号「昭和」や、上皇「明仁《あきひと》」の御名を考案、また「米国及英国ニ対スル宣戦ノ詔書」（一九四一年）の起草などを行った人物であるが、慶応二（一八六六）年に豊前国京都郡上田村（現・みやこ町勝山上田）に生まれ、仏山の水哉園に学んでいる。

謙澄は、後、イギリスに留学するが、学軒はアメリカ合衆国に留学した。

仏山の塾生であったこの二人は、漢詩・漢文の素養を仏山に伝授されたことによって、世界で本領を発揮する実力を身に付けたのである。

書生・謙澄

謙澄は、十七歳まで仏山のもとで学問を修め、明治四（一八七一）年冬、東京に出る。

上京したのは、兄があって家督《かとく》を嗣ぐ必要はなかったこと、また師・仏山の紹介があれば、東京にいる漢学者から学問を授けてもらうことができたからに違いなかった。

いずれにせよ、徳川の時代が終わって身分制度もなくなり、実力で将来を拓《ひら》くことができる新しい時代が、若き謙澄の目前に突如広がったのだ。

しかし、上京しても、謙澄には何をしていいのか、具体的な道は見えなかった。

「辛未《かのとひつじ》（一八七一年）の冬　東京に出づ。是れより其の後、常師無く、居にも定まる処無し」

（末松謙澄年譜解説）と謙澄は書いている。

世界は目まぐるしく動いていく。だが、自分の居場所がない、自分が何をしていいのかわからないというのは、地方から都会に進学した今の学生たちも感じていることであろう。

謙澄は、文章家として著名であった大槻磐渓《おおつきばんけい》（一八〇一〜一八七八）、航海術、測量学、国語学者としても著名な近藤真琴《こんどうまこと》（一八三一〜一八八六）などの門を叩いた。しかし、学問をするには学費が必要である。

伝手があったのだろう、謙澄は、佐々木高行《ささきたかゆき》（一八三〇〜一九一〇）の家で書生をすることになった。

佐々木は土佐藩士で、坂本龍馬《さかもとりょうま》や後藤象二郎《ごとうしょうじろう》と共に大政奉還《たいせいほうかん》の建白《けんぱく》などにも関わった人物である。明治天皇の信任も厚く、岩倉使節団の理事官として司法制度調査を依頼されたりもしている。

明治五（一八七二）年、謙澄が書生をしていた頃、佐々木は、ちょうどヨーロッパを歴訪していた（ついでに記しておくと、使節団が帰国し、横浜に到着したのは明治六年九月十三日である）。

さて、佐々木家には、長女・千勢子と次女・繁子《しげこ》（玉江彦太郎『末松謙澄年譜解説』では「静衛」と記されるが誤りか）、三女の高美、四女のりつ子があり、明治五年に高志《たかし》という長男が生まれている。

謙澄は、次女・繁子（一八五七〜一九四二）が、フルベッキのところに英語を毎日習いに行く時の供をしていた。

書生とは、はっきり言えば、住み込みの使用人である。

良家の子女の供をしたり、手紙や文書の清書をしたり、ラジオもまだなかった時代、食事の後に皆に新聞の読み聞かせをしたり、雑務をしながら、勉強をし、学校に通う。アパートなどもなく、田舎から出てきた学生には自炊して生活することなどほとんどできなかった明治時代初期、官僚の家では幾人かの書生を置いて、勉学のための援助をしたり、家事を手伝わせて、将来の有志を育成したのだった。

さて、佐々木繁子が英語を学ぶために通っていたフルベッキという人物にも少し触れておこう。

通称「フルベッキ」と呼ばれるが、彼の本名は、グイド・ヘルマン・フリドリン・フェルベック（一八三〇〜一八九八）で、「フェルベック」が日本風に発音されて「フルベッキ」となった。

オランダ系アメリカ人で、キリスト教を布教する目的で日本に派遣され、安政六（一八五九）年、長崎の聖公会《アングリカン・チャーチ》に迎えられた。

この時、大隈重信《おおくましげのぶ》や副島種臣《そえじまたねおみ》が、フルベッキから英語を教えてもらっている。よほど教え方がよかったのだろう、佐賀藩がフルベッキを召し抱えると、薩摩藩や土佐藩からフルベッキを引き抜こうと高額の給金が示されたという。

こうして各地で有名になったフルベッキは明治二（一八六九）年二月、明治政府から、大学設立の顧問として東京に出仕するよう通達を受けるのである。

フルベッキは、安政四（一八五七）年に創設された幕府の「蕃書調所《ばんしょしらべしょ》」から文久三（一八六三）年「開成所《かいせいじょ》」と名称が変更され、新政府に引き継がれたいわゆる「初期開成学校」や「大学南校」の教頭などを務め、明治五年には明治天皇から学術の功績への感謝と更なる発展への寄与を希望する旨の勅語を拝受していた。

フルベッキは、英語教師としてだけではなく、明治初期の学校制度においても重要な働きをしていたのだった。

学問の中心地、文京区本郷

フルベッキは、当時、開成学校の官舎に住んでいた。現在の東京大学（文京区本郷七丁目）の敷地内である。ただ官舎と言っても、お雇い外国人用の庭もある独立した平屋の一戸建て邸宅である。明治十（一八七七）年の東京大学開設までに、この旧加賀藩上屋敷の一帯は、多くのお雇い外国人たちが住む家が軒を連ねていくことになる。

さて、謙澄の人生を変えることになる高橋是清も、もともと同じ敷地内の官舎に住んでいたが、この頃は書生となって、フルベッキの家に移り住んでいた。

高橋是清（一八五四〜一九三六）と言えば、昭和十一（一九三六）年の二・二六事件で反乱軍の青年将校らに六発の弾丸を受け暗殺された時の大蔵大臣として記憶している人も多いだろう。余談であるが、是清が殺された家は、現在、「東京都江戸東京博物館分館江戸東京たてもの園」（東京都小金井市）に移築して保存されている。許可無く上がることはできないが、殺された二階の寝室も見ることができる。

是清は、幕府御用絵師・川村庄右衛門と、彼のところに行儀見習いに来ていた、きんという少女との間に生まれた。きんには子どもを養育する手だてがなく、是清は仙台藩士足軽の高橋是忠の養子にもらわれていった。

生まれながらにして聡明だったのだろう、子どもの頃から横浜のヘボン塾（現・明治学院大学）で英語を学んでいたが、慶応三（一八六七）年に仙台藩から藩命が下って、アメリカに留学することになる。

一緒に行くことになったのは、勝海舟の長男・勝小鹿《ころく》である。

小鹿は、無事、ラトガース・ニュージャージー州立大学からさらに米海軍兵学校へと進学したが、是清は横浜の貿易商・ユージン・ヴァン・リードに藩から下賜《かし》された金をすべて騙《だま》し取られた上に、ホームステイ先となっていたリードの両親に奴隷として売られてしまう。

売られた先のオークランド（カリフォルニア州）のブラウンという家では、僕夫《ぼくふ》としての仕事の他、ブドウ園でも働かされた。是清は、はじめは自分が奴隷であることを知らず、苛酷な英語教育を受けているのだと思ったと述懐している（ただし、是清は「奴隷」として売られたと書いているが、実際は「移民」としての契約ではなかったかとも言われている）。

しかし、同じように売られてきた日本人の「奴隷」と知り合い、一緒に逃亡を企《くわだ》てる。

是清は、彼らと結束してブラウン家を逃げ出して、サンフランシスコを経由して帰国したのだった。

サンフランシスコから乗った船が横浜に着いたのは、明治元（一八六八）年十二月だったという（明治改元は九月八日のことである）。この時、是清は十五歳。

後に文部大臣になる森有礼《もりありのり》（一八四七〜一八八九）が留学から帰国したばかりだったが、すでに外国官権判事《がいこくかんごんはんじ》に任命されて本郷の東京大学構内の邸宅に住んでいた。フルベッキの近所である。

是清は、アメリカから共に帰国した二人、鈴木六之助《すずきろくのすけ》（後に鈴木知雄《ともお》と改名）、一条十次郎《いちじょうじゅうじろう》（後、後藤常《ごとうじょう》と改名）と共に森有礼の書生となる。

仙台藩士でなくなった是清

さて、森有礼は、高橋是清、鈴木六之助、一条十次郎の三人を書生にするに際して次のように言ったという。

「私が英学を教えよう。漢学は後藤について学べ。私は官に仕える忙しい身なのでいちばん出来が良い奴に集中して教えるから、その者が他の者に教えればよい」（『高橋是清自伝』）

こうして、森は、是清に英学を教えたのだった。

翌年、政府は、洋学教育、翻訳、出版許可、新聞改版免許の公布を担当する開成学校（いわゆる「初期開成学校」）の制度を一新し、イギリス人一名、フランス人一名を教師に招いて学校制度を充実させようとする。

すると、まもなく森は、この三人を開成学校に入学させてしまったのだった。

明治初期の政府は、「ドタバタ劇」と言ってもいいくらいの無謀さで制度を変革し、人を動かしていく。この動きの速さに適応できる人、また動きを作ることができる人が生きのびることができる時代だったと言ってもよいだろう。

高橋是清ら三人が開成学校に入学したのは明治二（一八六九）年一月なのだが、二か月後の三月になると、森は、この三人は十分に英語ができるからと言って、開成学校の教官三等手伝いという名目で、教員として雇用する。

教員となると、書生ではない。

彼らは、学校併設の官舎に引っ越したのだった。ただ、官舎には賄《まかな》いがなかったので、彼らは森のところで食事を摂《と》っていた。高橋是清は、まだ十五歳の子どもである。

ところで、「明治」とは言っても、まだ「藩」の意識は消えていない。森は薩摩藩士、高橋是清や鈴木六之助、一条十次郎は仙台藩士である。

森は当時、同じ薩摩藩士である大久保利通《おおくぼとしみち》（一八三〇〜一八七八）の懐刀《ふところがたな》として名を知られていた。

長州と薩摩によって進められていく新政府の改革に、まだ江戸時代の「藩」の意識を捨て切れない人が多数だった。アメリカで僕夫をさせられていた是清には、藩意識など無用に違いなかったが、彼らもまだ埒外《らちがい》にはいなかった。

ある日、是清が授業の後、森のところに食事に行くために鈴木と一条を官舎で待っていると、二人が戻ってこない。

そこへ、鈴木が、「一条が仙台藩に捕《とら》えられた」と言って走ってやってきた。

はっきりした理由は分からないが、仙台藩士の士分であったにもかかわらず無断で新政府方の森、大久保に与《くみ》するとは言語道断というようなことだったのではないかと考えられる。

森は、日比谷見附にあった仙台藩邸に乗り込むと、「一条は、大学南校の教官手伝いとして朝命を拝している。今後、一条、鈴木、高橋の三名は、鹿児島県士森有礼の付籍《ふせき》とする」と言って彼らの身柄を引き取ったのだった。

「朝命」は、この頃から「絶対的正義」として使われるようになってくる。

目まぐるしく変化する明治初期の政治制度

謙澄のことから少し離れるが、もう少し高橋是清のことについて触れておきたい。高橋是清なしに、謙澄の将来は拓けないからである。

明治新政府は、明治二（一八六九）年七月八日、太政官制を設置した。

「太政官」は、もともと律令制《りつりょうせい》が行われていた時代の言葉である。

幕府が解体すると、天皇を中心とした絶対君主制が敷かれることになるが、この時に「祭政《さいせい》一致《いっち》」を原則とする制度に基づき、国家の最高機関として「神祇官《じんぎかん》」が置かれ、その下に「太《だ》政官《じょうかん》」が設置され、太政官の下に民部省、大蔵省、兵部省、刑部省、宮内省、外務省が設置された。

また、太政官には、各藩から選ばれた代表者二百二十四名が参加する諮問機関としての「集議院」が設置されたのだった。各藩からの代表者とは、つまり諸藩大名や家老たちである。

繰り返しになるが、明治初期の政治制度は目まぐるしく変化していく。

明治四（一八七一）年には廃藩置県《はいはんちけん》が行われ、さらに明治六（一八七三）年には内務省が設立されるなどした後、明治二十三（一八九〇）年の大日本帝国憲法施行とともに帝国議会が置かれてはじめて、立憲君主制が行われることになる。

さて、明治二（一八六九）年の太政官制の設置とともに、森有礼は「集議院」の「議長心得」（「心得」とは「下級の者が上級の役職を代理または補佐するときの職名」をいう）に任命される。

現在の言葉であれば「議長補佐」であるが、そんな立場の森が、集議院に「廃刀令《はいとうれい》」という議案を提起したのだった。

議会は騒然となった。

参議・大久保利通は時期尚早と言って反対した。

集議院にいる各藩からの代表者らは武士である。

そうした人たちから見れば、森は、ただの「西洋かぶれ」でしかない。「国風を破る乱臣賊子《らんしんぞくし》」（板谷敏彦『小説　高橋是清』）として、森は新政府から追われる身となる。

高橋是清と鈴木六之助は、森の護衛係となったが、英語の力はあっても、彼らに剣術の心得はなかった。七月二日、森は突然、大久保利通のところに現れると「薩摩に帰る」と言って去って行った。不思議な人である。

こうして、森がいなくなった後、高橋是清は、フルベッキのところの書生となったのである。

高橋是清との出会い

フルベッキの書生となった高橋是清は、開成学校の経済学教師・マカルティーに依頼されて、日本語の辞書に掲載された漢字にローマ字でフリガナを振る仕事で十円、また同じく開成学校の理学教師・グリフィスに頼まれて『東海道中膝栗毛』の翻訳などをして十円など、書生とはいえ生活には困らない程度の収入がある生活を送っていた。

当時の十円は現在の十万円に相当する。

先にも紹介したように、フルベッキは自宅で佐々木高行の次女・繁子らに英語を教えていた。授業は一対一の個別授業ではない。他の家の若い女性たちも複数集まっていて、そのお供でやってくる書生たちは、授業が終わるまでフルベッキの家の縁側に腰掛けて待っている。

その中の一人が、謙澄であった。

高橋是清は、この時の謙澄との出会いを次のように記している。『高橋是清自伝』から、そのまま引用しよう。

さてある日のこと、末松君を部室《へや》に呼び入れてだんだん話を聞くと「自分は、このごろ豊前から出て来たばかりで、今は佐々木家の書生をしている」ということだ。それで「君は一体何になるつもりだ」と聞くと「このごろ出来た師範学校の入学試験を受けたら、幸い通ったから、それへ入るつもりだ」という。

政府は明治五年五月、東京師範学校を創立し、箕作《みつくり》秋坪《しゅうへい》氏を校長として、官費生を募集した。末松君はその試験を受けたのだ。

「そうか、では師範学校を出れば何になるのだ」と尋ねると、「卒業したら、小学校の教員になれる」と答える。それで、私は、「今から小学校の教員などになっても、つまらぬではないか。君は志願者何百人のうちから競争して及第したのじゃないか、それくらい漢学が出来る以上、これからさらに洋学を修めてはどうだ」というと、「そうしたいけれども、自分には学資がないから、思う通りにやれぬのだ」と答える。

「よし、そんな事情なら、英学は私が教えてやろう、その代り君が漢学を教えたまえ、毎日君がお供をして、ここで待ってる間にやればよい」と、ここに二人の意見が一致して、英学と漢学との交換教授がはじまった。

高橋是清は謙澄に感じるところがあったのだろう。推測に過ぎないが、ヘボン塾で英語を学び、アメリカで奴隷の生活をし、森有礼やフルベッキと対等に話すことができる高橋是清には、磨けば光る謙澄の才能が感じられたのではなかったのだろうか。

嘉永《かえい》七（一八五四）年に生まれた高橋是清と安政二（一八五五）年に生まれた謙澄との間には、一歳の年の差しかなかった。

謙澄の売文生活

『高橋是清自伝』によれば、謙澄は、師範学校が始まる前に、自ら入学を辞退したという。

もしかしたら、この頃の謙澄は、師範学校を出て小学校の教員になり故郷に帰るという道を選ぼうとしていたのかもしれない。しかし、まだその意思は固まってはいなかった。高橋是清に「小学校の教員ではつまらぬではないか」と言われ、高橋是清の足跡を見れば、自分も洋学を修めて将来の道を摸索するという光が見えたのではなかったのだろうか。

そこで謙澄は入学辞退を願い出たのだが、箕作秋坪校長から次のように言われたという。

「三百余人もある志願者の中から百五十人ほか採《と》らぬ。入りたい者はいくらでもある。君が志願して来たればこそ試験の上採用することになったのではないか、及第した今となって急にやめるとは何事だ、そんなことが例になって及第した者が、ドシドシ勝手に止めるようになったら始末がつかぬではないか」（『高橋是清自伝』）

散々小言を言われて帰って来た謙澄に、高橋はこう言った。

「まだ、及第の通知を受けたばかりのところじゃないか、断ったってかまうものか、若い者が、小学教員で満足せず、大なる志を起して、大いに奮励努力しようというのを妨《さまた》げるとはけしからん。俺が行って談判してやる」（同前）

実際に高橋は箕作校長のところへ行くと大激論をして、謙澄の退学を認めさせたのである（ただ、謙澄の「退学」には、もうひとつ説がある。それは、当時、西村有隣という医学塾に通っていた学生に診断書を書いてもらって退学したというものである）。

せっかく官費の師範学校に入ったものが、突然、それを辞めると聞いた佐々木高行夫人は、「国から出てきて邸《うち》で草鞋《わらじ》を脱ぎ、折角、勉強して師範学校の試験にも及第し、これからやっと、官費生になろうというのに、今、やめてしまうとは何事ですか」（同前）と言って、謙澄を叱ったというが、辞めてしまったものは仕方がない。

まもなく謙澄は、高橋とふたりでフルベッキのところに積まれた外国新聞の翻訳をする仕事を始める。

翻訳した原稿を買ってもらおうというのだ。

「ロンドンの絵入新聞などには、なかなか面白い記事が載っているから、あれを翻訳しようじゃないか、私が読んで口で翻訳するから、君はそれを文章に書き直せ」（同前）と、高橋は言ったという。

こうしてできあがった見本を、「朝野新聞《ちょうや》」「読売新聞」「報知新聞」に持って行ってみせたが、どこも買ってはくれない。

しかし、高橋が、横浜のヘボンのところで顔見知りだった岸田吟香《きしだぎんこう》（一八三三～一九〇五）のいる「東京日日新聞」に持って行くと、原稿を買ってくれるということになった。

ヘボンは、日本語のローマ字表記のひとつとして知られる「ヘボン式ローマ字」を作った人で、アメリカ人の宣教師である。

ジェイムス・カーティス・ヘップバーン（一八一五～一九一一）がヘボン先生の本名であるが、滞日中、日本での名義として「ヘボン」を用いたため、皆が「ヘボン先生」と呼んだ。

宣教師であり医師でもあったヘボンは、聖書の日本語訳を行いながら、日本で初めての和英辞書『和英語林集成』を編纂し、明治学院（現・明治学院中学校・高等学校及び明治学院大学）を創設した。

また、岸田吟香は、ヘボンのもとで『和英語林集成』の編纂を手伝い、ヘボンとともに上海に渡って上海美華書館《しゃんはいびかしょかん》で『和英語林集成』の校正に従事し、はてはヘボンから目薬の処方を教わり、銀座と上海に売薬店「楽善堂」を開いた人である。画家・岸田劉生《りゅうせい》の父と言った方が知る人も多いかもしれないが、上海で日清貿易研究所、東亜同文書院などを設立し、さらに同仁会という組織で中国各地に西洋式の病院の普及に努めた。

岸田吟香は、すでに文久三（一八六三）年頃から横浜で外国語新聞のトピックを日本語に訳した「海外新聞」を浜田彦蔵らと発行したりしていたが、明治六（一八七三）年には「東京日日新聞」の主筆として迎えられる。

高橋是清と謙澄が原稿を持って行ったのは、ちょうど岸田吟香が主筆となった直後であった。

「原稿料は、二十字詰、二十行の原稿用紙一枚五十銭、『東京日日新聞』に掲載された分だけの原稿料を払う」とその場で決めてくれたが、月末になると岸田吟香の部下、甫喜山《ほきやま》景雄《かげお》が、「どれくらい載せたのか分からないが、一か月どれくらい必要なのか」と訊く。

高橋是清は即座に、「二人で五十円は掛かります」と答えた。

こうして、それなら「二人で月給五十円で」ということになった。現在の五十万円相当である。

明治六（一八七三）年、謙澄十九歳の時のことだった。

「東京日日新聞」が成功した理由

「東京日日新聞」についても触れておこう。

なぜなら、謙澄は、まもなく、日報《にっぽう》社・東京日日新聞に入社し、健筆を振るうことによって、自らの運命を切り拓いていく道を得るからである。

「東京日日新聞」は、「毎日新聞」の前身である。昭和十八（一九四三）年一月一日に「東京日日新聞」は「大阪毎日新聞」と統合して「毎日新聞」と名を変える。

さて、「東京日日新聞」は、明治五（一八七二）年二月二十一日に「日報社」が創刊した日刊新聞である。

日報社は、戯作者・条野採菊《くめのさいぎく》（名は伝平）、西田菫坡《にしだきんぱ》（名は伝助）、落合芳幾《おちあいよしいく》の三人によって設立されたが、条野は、すでに慶応四（一八六八）年に「江湖《こうこ》新聞」という別の新聞を福地桜痴《ふくちおうち》（一八四一～一九〇六、名は源一郎）とともに発刊していた。

ただ、「江湖新聞」は、「佐幕的立憲政治論」（柳田泉の『福地桜痴』「略年譜」による）を唱え、福地桜痴は筆禍で逮捕されてしまい、この新聞もすぐに廃刊になっていた。

おそらくこのことがあったからであろう。三人は、福地桜痴なしで、新聞を発行したのである。

ところで、「東京日日新聞」創刊号の発刊日に、司法卿《しほうきょう》・江藤新平《えとうしんぺい》が訪ねて来る。

江藤は、「新聞紙は政治上、社会上一日も欠くべからざる利器《りき》なれば、今後十分発憤《はっぷん》して尽《じん》力《りょく》せられたく」と、金一封を差し出したという。

すると、条野は、すかさず、そうであれば司法省での事件の裁判を新聞に掲載することを許可して欲しいと願い出た。

江藤は、「明日より登載するも差支《さしつかえ》なし」と即座に許可を与え、「東京日日新聞」は、翌々日発行の第三号から、事件の裁判についての記事を出し始めたのだった。

他の新聞に出ない様々な事件の裁判についての記事を読める「東京日日新聞」は、販路を大きく広げていった。

新聞業は明治初年の新興事業で、これによって利益が得られると知れると多くの新聞が発刊されるようになった。ただ、まだ新聞集配配達所などもなかった当時は街頭での呼び売り、絵草紙店、煙草屋、両替店での陳列販売、盛り場などに新聞茶屋があるくらいで、発行部数も多くて三百部程度であった。

「東京日日新聞」発刊については、創刊者・条野と大隈重信との関係もあったという。

当時、イギリス人、J・R・ブラックが、日刊新聞「日新真事誌」を出したいと政府に出願した。それを知った参議の大隈が、「外国人がこういう企画を持って来るのを黙って見ているわけにはいかない、だれか日刊新聞を出さないか」と言ったのに対し、傍にいた条野が「では、我々が出願したら、早速許可をしてくれるのか」と訊くと、大隈は「無論許可する」と答え、「東京日日新聞」が出ることになったというのである。

じつは、江藤新平、大隈重信などの他、大蔵省奏任《そうにん》の根本茂樹《ねもとしげき》、逓信省《ていしんしょう》にいた杉浦譲《すぎうらゆずる》なども「東京日日新聞」の創刊に寄与していた。

そして、もうひとつ、「東京日日新聞」が成功した陰には、新しい活版印刷による紙面の構成があった。

創刊号は木版で摺られたが、二号目以降は、日本橋照降町《てりふり》（「てれふれ」とも。現・中央区日本橋小舟町二丁目、芳町二丁目、小網町付近）の絵草紙屋・恵比寿屋が上海から仕入れた活字と、瑞穂《みずほ》屋《や》（清水《しみず》）卯三郎《うさぶろう》という人が輸入した足踏み式印刷機を借りて、活版で印刷されたのだった。

先に、岸田吟香が『和英語林集成』の印刷や校正のためにヘボンと上海美華書館に行ったと記したが、上海美華書館で漢訳聖書の印刷のために作られた活字こそ、今でも我が国で使われている明朝体《みんちょうたい》活字の母型だった。

こうしたところでも、「東京日日新聞」と岸田吟香との深い関係があったのである。

また、彼らは逓信省の杉浦譲からヨーロッパで見て来たキオスクの話を聞き、「浮床《うきどこ》」と呼ばれる、今日の駅の売店のようなものを棟梁・宮崎安五郎に依頼して作り、人が集まる銀座や日本橋、浅草、新橋、横浜などに設置して新聞を売り捌《さば》いたのだった。

政府内の人たちが関わって創られた「東京日日新聞」は、活字による紙面の読みやすさ、印刷のスピード、「浮床」による販売網の拡大に支えられて、急成長した。

福地桜痴と渋沢栄一

「東京日日新聞」の創刊では外されていた福地桜痴だが、謙澄の人生は、福地との出会いで急変することになる。

謙澄の末年までの人間関係は、この福地との出会いに始まったと言っても過言ではない。

福地桜痴は、長崎の新石灰町《しんしっかいまち》（現・長崎市鍛冶屋町）に生まれた。

父・苟庵《こうあん》は、長州藩士で長崎で医者をしている福地嘉昌《ふくちかしょう》という人の養子になった人だった。

苟庵も父の跡を継ぎ医者になったが、もともとは史学を能《よ》くした漢学者で、この点を桜痴は受け継いだのではないかと、『福地桜痴』伝を記した柳田泉《やなぎだいずみ》は書いている。

桜痴は、十二歳で『皇朝二十四孝伝』を書き、十三歳で幕府の「学問吟味」を受け合格、十四歳の時には漢詩百二首を作るほどの文章力を持っていた。

漢学でも、漢学者・長川東洲《ながかわとうしゅう》（別名「長谷川東洲」とも）の塾で、一度漢文を訓読すると二度と忘れなかったと言い、中国六朝時代の美文体で書かれた『後漢書』の全文を覚え、自在に文章を作ったという。

さらに驚くべきことに、十五歳でオランダ通辞、名村《なむら》八右衛門の塾に入り、十七歳の時に名村家の跡を継ぐべく名村の養子に迎えられた。

こうして桜痴は、名村のもとで稽古通詞となってオランダから送られて来る「新聞」と出会うことになる。

ヨーロッパ各国の政治経済社会の事情が記された新聞から得られる情報は、出島にいるオランダ人カピタンから名村のもとに届けられ、名村から「風説書《ふうせつがき》」として長崎奉行、また幕府に届けられていたのである。

桜痴の「新聞」への関心はここに始まったと言ってもよかった。

しかし、あまりにも若くて、才能に溢れる桜痴に対するオランダ語塾生からの嫉妬などもあって、桜痴は名村の家を出ざるを得なかったようである。

安政五（一八五八）年十二月、軍艦頭取・矢田堀景蔵《やたぼりけいぞう》に連れられて、桜痴は咸臨丸《かいりんまる》で江戸に上った。さらに学問をするためである。

この時、父・苟庵は、江戸にいる知り合いへの紹介状を桜痴に持たせたという。

その名前を聞いて驚かない人はあるまい。

水野忠徳《みずのただのり》、岩瀬忠震《いわせただなり》、川路聖謨《かわじとしあきら》、林鶯渓《はやしおうけい》、安積艮斎《あさかごんさい》、古賀謹堂、伊東玄朴《いとうげんぼく》、杉田成卿《すぎたせいけい》、箕作阮甫《みつくりげんぼ》、勝海舟、榎本武揚《えのもとたけあき》、肥田浜五郎《ひだはまごろう》、森山栄之助《もりやまえいのすけ》、高島秋帆《たかしましゅうはん》など、いずれも著名な漢学者、洋学者ばかりであった。

たとえば、代々・長崎のオランダ通詞の家に生まれた森山栄之助は、嘉永七（一八五四）年のペリー二度目の来航の時に通訳を務めた人であり、また長崎の町年寄の家に生まれた高島秋帆は日本で初めて徳丸ケ原（現・東京都板橋区）で西洋式砲術の演習を行うなど、幕末の対外政策に深く関わった人である。

江戸に出た桜痴は、その頃、江戸でほとんど唯一英語ができた森山栄之助のところ（小石川金剛寺坂〈現・文京区春日二丁目〉）に住み、中浜万次郎《なかはままんじろう》（ジョン万次郎）のところ（芝新銭座〈現・港区浜松町一丁目〉）に通って英語を学んだ。

当時の英語、オランダ語は、漢文のように返点・送仮名を付けて読むのが通例だったという。しかし桜痴は、森山から、そんな読み方ではなく、頭からそのまま読んで行けと言われ、人より三倍も速く英語の本を読むことができるようになったらしい。

余談だが、福澤諭吉《ふくざわゆきち》（一八三五～一九〇一）も同じ頃、中津藩《なかつはん》邸から、森山とジョン万次郎のところに「日和下駄をはいて、ぽくりぽくりと」（『福澤家祖伝稿』）英語を習いに通っていたという。

さて、こうして漢学とオランダ語、さらには英語にも通じた桜痴は、文久元（一八六〇）年、柴田日向守《しばたひゅうがのかみ》（剛中《たけなか》）の通訳となり、遣欧使節として渡欧する。

さらに慶応元（一八六五）年には、再び幕府の使節としてフランス、イギリスに赴き、万国公法、国際法などを研究して帰国した。

このフランスでの学問を通じて、桜痴は、まもなく渋沢栄一《しぶさわえいいち》と知り合う。

ふたりは、「吉原通い」でも意気投合していたが、渋沢が明治二（一八六九）年十月に大隈重信に見出され大蔵省に出仕した頃、桜痴は明治三（一八七〇）年一月に、『英国商法』を出版して、国際間での金融取引に関する事情を知らしめた。

これを読んだ渋沢は、大蔵少輔《しょう》であった伊藤博文に、桜痴を紹介した。

すると伊藤は、すぐに桜痴を大蔵省御用掛として任用し、一か月後には桜痴を連れて、アメリカに貨幣制度視察に行ったのだった。

桜痴は、この時のことを『懐往事談《かいおうじだん》』で次のように書いている。

　余が外遊は、前後四回の多きに及びたれども、真に愉快にして且つ見聞の益を得たるもの多かりしは、此行（慶応元年の洋行）と、其後明治三年に伊藤大蔵少輔《しょう》（今の総理大臣、伯爵）に従いて、芳川君（賢吉。今の司法大臣）と共に米国に赴きたるの両回にて、今日までも常に記憶に留まるを覚ゆるなり。

伊藤博文と桜痴は、渋沢栄一を通じてこんなに密接な関係があったのだった。

吉原通いという点に触れておくと、明治十四（一八八一）年、桜痴は新吉原の大門に「春夢正濃満街桜雲　秋信先通両行燈影（春の夢　正《まさ》に濃《こまや》かに　街《まち》には満《み》ちる桜雲《さくらぐも》、秋の信《たより》は先《さき》に通じ、両行《りょうこう》には燈影《とうのかげ》）」と書いたガス灯付きの鉄門を建てている。

謙澄の「東京日日新聞」への入社

さて、謙澄に戻ろう。

明治六（一八七三）年、高橋是清と売文の道に入った謙澄は、まもなく「東京日日新聞」に入社する。

健筆を買われたに違いない。

そして、笹波萍二というペンネームで、時評や諸外国の政情についての記事を書いていく。

これは、謙澄が、後にイギリス、ケンブリッジ大学で学問をする時にも役だったであろうし、のみならず、後で詳しく触れるが、日露戦争の際に渡欧して、ヨーロッパ各国の事情と我が国の歴史との関係の中から「黄禍論《おうかろん》」を覆すための論を展開するのに、大きな力となった。

「東京日日新聞」の歴史を記した『東日七十年史』には、後に入社する桜痴と謙澄について次のように記されている。

「福地の入社に遡ること約半年、明治八年六月三十日の紙上には、『日報社末松謙澄』と署名した社説が現れている。尤《もっと》もこれは末松の論説の最初のものではない。その以前にも笹波萍二の名をもって外字新聞の翻訳その他の論説が社説欄に出ている」

「日報社」とは、先にも記したように「東京日日新聞」の前身で、浅草瓦《かわら》町（現・台東区柳橋）にあった。この頃の謙澄のことを日報社の創業者のひとりである西田伝助は、次のように書いている。

> 元来末松さんはフルベッキ氏の書生で翻訳などをしていましたが入社する前は始終翻訳の原稿などを寄稿して月に七八円許り原稿料を払っていたのです。所が学校で喧嘩か何かして退校されて困る所から、甫喜山景雄氏の紹介で入社しましたけれども、月給は高く出せないから矢張《やは》り七八円にしかならない、夫《それ》でも末松さんは国から学費が来るから構わぬといって入社して、社の二階に寄泊して居たのです。食事の際弁当へ牛乳をかけて食べたり何かして随分不思議なことをやりました。夫《それ》で入社された当時には別に大した働きもしなかったが桜痴さんが這入って来てからは、間さえあれば桜痴さんと議論をして居て夫からというものは技倆《ぎりょう》が急に上がられたようでした。
>
> （『東日七十年史』二十七頁）

先に引いた『高橋是清自伝』では、「二人で月給五十円」と書かれているが、どちらが本当に正しいのかわからない。おそらく、はじめは月に七、八円もらっていたのが、まもなく「二人で月給五十円」になったのかもしれない。『高橋是清自伝』には、やや誇張した表現も少なくない。

『高橋是清自伝』には、次のようなことも記されている。

その時、末松はもう月給五十円で日日新聞社に入《はい》り込んだ形になっていた。そうして笹波萍二のペンネームで、主として社説を書いていた。

当時私と末松君とは（時に朝野新聞の末広鉄腸《すえひろてっちょう》君などもやって来たが）おのおの一日の勤めを終えて家へ帰ると、毎日のごとく各種の問題で議論を闘わし、夕飯の膳が出ても、灯《あかり》を点じてからでもやめなかった。

ここに記される末広鉄腸（一八四九～一八九六）は、「朝野新聞」の編集長で後に衆議院議員となるが、明治一七三（二〇四〇）年から百五十年前の「国会開設」当時の資料を読むという不思議な政治小説『雪中梅』や、マコーレー『印度政略史』の翻訳などをした人だった。

高橋是清や末広鉄腸など、謙澄の周りには破天荒な奇人も少なくなかった。こうした奇人との「議論」もまた、謙澄の後年の糧となったことは言うまでもない。

福地桜痴との出会い

明治七（一八七四）年、日報社東京日日新聞は、銀座二丁目三番地（現・中央区銀座二丁目六）に社屋を移す。

謙澄は、二十歳になっていた。

我が国の政情はまだ不安定で、対新政府への反乱がいたるところで起こっていた。

江藤新平らによる佐賀の乱が始まったのが同年二月、また十月には前原一誠による萩の乱が起こる。

さらに、同年五月には宮古島の島民が遭難して漂着した台湾山中で、原住民によって殺害された事件に対して、明治政府が初めての海外出兵をし、台湾出兵で清朝からの抗議を受けたりなどしている。

さて、福地桜痴は、この頃大蔵省に勤めていたが、明治五（一八七二）年ころから次第に激しくなっていく征韓論《せいかんろん》をめぐる意見対立、また政府の分裂に厭気を感じて大蔵省を辞め、吉原で遊んで全財産をなくしてしまっていた。

しかし、桜痴の文才や外国通を周囲が放っておくはずがない。

明治七（一八七四）年十二月、桜痴は、「東京日日新聞」に主筆として迎えられることとなる。

桜痴は「吾曹《ごそう》」というペンネームで社説を書く。

それが人目を引いたのは、「太政官記事印行御用《だじょうかんきじいんこうごよう》」という触れ込みがついていたからである。

これは、政府内の実情を記事にしても構わないという許可を得て書いたものであるということで、これほどの宣伝効果はなかっただろう。

桜痴は、伊藤博文・井上馨と昵懇《じっこん》で毎晩のように食事を共にしていた。柳田泉によれば「当時の政府はあとの内閣とちがい、統一見解の発表ということが少なく、たまに出すとそれは大臣・大官の個人的な意見であった」と言うように、桜痴は、伊藤博文や井上馨らの個人的な意見を、「太政官御用」と誇張した表現で宣伝文句として利用したのである。

「吾曹」とは、「吾が輩」と同じ意味の言葉だが、中国の六朝から唐代に掛けて使われた言葉で、桜痴の漢学への造詣の深さがこんなところにも垣間見える。

桜痴が入社すると、「東京日日新聞」は、「読売新聞」などを抜いて、発行部数が日刊八千部にまで伸びたという。

そして、桜痴は、それに見合うだけの給料をもらった。

月給二百円、ボーナスには利益配当二人分というから、謙澄の五十円からすれば、給料だけでも四倍の額をもらっていたことになる。

この時、桜痴は三十四歳。

謙澄は、桜痴の入社に意気消沈してしまう。

このことについても、高橋是清が『自伝』に書いている。

ある日、末松が、大変に落胆《がっかり》した様子で帰って来た。そうして「俺の仕事もこれでおしまいだ。今度社に福地源一郎という人が這入《はい》ってきた。なかなか大家だから、この人が来れば、俺などはもういらなくなる」とて、いかにもしょげている。それで、私は、「そんなことがあるものか、福地氏は自分たちよりも年上で、世に知られた大家ではないか。そんな人が入社して来たとて、君を追出したりなどするものか。向うが大家なら、君はそれに師事したらよいではないか」と、元気をつけてやった。それから末松も気を取り直して、新聞社に踏み留まることとなり、だんだん福地氏に愛せられ、用いられて、ついに氏の紹介で、伊藤さんや西郷（従道《じゅうどう》、「つぐみち」とも）さんあたりにも近づきになることが出来、またジェランドル氏について朝鮮へ行くこととともなったのである。

是清が言うように、謙澄は、桜痴に可愛がられることになる。

『東日七十年史』には、桜痴が次のように語ったという記事が載せられている。

社中にて余《よ》が特にその文才の俊雋《しゅんしゅん》なるに感服してその他日大文章家たるべきを予言したるは末松謙澄氏なり。時に氏は一少年書生を以て社に入りて筆を採りたるが、其豪宕《そのごうとう》に

して精密なるは蓋《けだ》し生れながらにして文才を得たる者というべし。日日新聞の世に称賛せられたるは氏の力亦与《またあずか》りて其多《そのおおき》に居《あ》れり
（新聞紙實歴）

二十歳になったばかりの謙澄と、ひとまわり以上も上の桜痴。桜痴は、年齢の差以上に経験も学識も豊富だった。

しかし、桜痴から見ても、謙澄には光る才能があったに違いない。

伊藤博文との出会い

桜痴は、仕事が終わると、よく謙澄を誘って食事に行った。

ある日、二人で話しながら銀座の通りを歩いていると、政府高官の乗る馬車が二人の側に止まった。

中から現れたのは、伊藤博文だった。

先に記したように、桜痴は伊藤博文と一緒にアメリカ合衆国に貨幣制度視察に行くなど非常に親密な間柄であった。

伊藤は、桜痴に挨拶をしようとしたのである。

そして、桜痴は、「笹波萍二」のペンネームで健筆を揮《ふる》う謙澄を、伊藤に紹介した。

伊藤が、謙澄に何を感じたのか――。

伊藤は、まもなく謙澄を自邸に招いて、ストックホルムで買い求めたギボンの『ローマ史』一冊を記念に与えた。

どういういきさつで伊藤が直接、謙澄に声を掛けたのかなど詳しいことは分からないが、当時の政財界は現在に比べて密であった。共に食事をすることも多かっただろうし、桜痴は謙澄を、そうした折りに多くの人に紹介したのではなかったかと思われる。

ちなみに、謙澄の蔵書は、中央大学図書館に寄贈されているが、伊藤から譲られたという『ローマ史』を見つけることはできない。

正院へ出仕し官界へ

謙澄は、福地桜痴から伊藤博文を紹介された後、今度は伊藤から山縣有朋、西郷隆盛《さいごうたかもり》など政府の要人に紹介されるなどして、政界の中心にいる人たちにも知られるようになっていく。

そして、明治八（一八七五）年十二月末になると、「東京日日新聞」を退社し、正院《せいいん》に出仕することになったのだった。

現在の国家公務員採用試験などはもちろん、行政、立法、司法に基づくそれぞれの法律の整備もまだ整っていない時代、有能な人物を縁故で官吏に登用することなど、決して珍しいことではなかった。しかし、それにしても政府の中枢である「正院」に採用されるなど、伊藤博文の眼には、謙澄の才覚がはっきりと見えていたに違いない。

正院とは、天皇の国政に対する輔佐をするという目的で置かれた太政官制における中央政府機関である。明治四（一八七一）年に「正院」と併せ「左院（諮問機関）」、「右院（調整機関）」の三つが設置されたが、謙澄の出仕以前に、左院と右院は廃止されていた。

それでは、謙澄は、正院に出仕して、何をしたのだろうか。

この時の記録が『太政類典』に残されている。

十二月二十八日　八年　正院御用掛末松謙澄　弁理大臣随行ニ付　月俸旅費等ハ朝鮮国出張費ノ内ヨリ支給ス　黒田弁理大臣ヘ通達　史官　末松謙澄儀　正院御用掛中付月給七十円給与候旨相達候然処同人儀ハ弁理大臣大臣随行ノ儀ニ付右月俸旅費等ハ朝鮮国出張費用金ノ内ヨリ支出相成度此段申入候也　十二月廿八日局録

これによれば、謙澄は「正院御用掛」となり、弁理大臣・黒田清隆（一八四〇～一九〇〇）に随行して朝鮮に渡っていたのである。

「江華島《こうかとう》事件」と呼ばれる日本と朝鮮の間に起こった武力衝突事件の交渉と日朝修好条規の締

結を行うための事務処理である。

月給は七十円と記されているが、京都《みやこ》郡前田村から上京して四年目、謙澄には、二十一歳にして官僚への道が拓かれたのだった。

徴兵令の施行

ところで、十二月二十三日付「東京日日新聞」に、「末松謙澄、代人料《だいにんりょう》を納め徴兵を忌避する」という記事が掲載されている。

弊社の末松謙澄は今年二十歳の徴兵年齢に当たりました、そこで国家のために喜んで血税を納めまする筈でござるが、左様にも行かぬ情実がござりて、徴兵令により二百七十円の代人料を出す事に思案を定め、その事を本県小倉に云い遣《や》りて、県庁に願い出させた処が、徴兵掛の役人が曰く、検査を受けて体格その他徴員に適当する者でなくては、代人料を取る訳でない、ぜひ一応検査を受くべし、その検査の事は、全戸寄留の者でなければ寄留先で検査をする訳にはゆかぬ、しかし新聞記者は格別の事で、一日も欠業のならぬ者ゆえ、それをどうでもこうでも呼び返すも大難渋であろうから、まずこの旨を陸軍に上申して見てやろうとの事だそうでござるが、金を出す積りなら、どうでもよかりそうな者と思いますが、それともそうはゆきんませんかしら、徴兵令の文面では、あながちに国許《くにもと》に呼び戻して検査をした後でなければ、代人料を出されないとも見えませんが。

明治三（一八七〇）年十一月十三日に「徴兵規則」が制定され、明治六（一八七三）年一月十日に徴兵令が施行された。

明治五（一八七二）年十一月二十八日に発布された『徴兵令詔書及ビ徴兵告諭』によれば、「全国市民男児二十歳ニ至ル者ハ悉《ことごと》ク兵籍に編入」と記される。

二十歳を迎えた謙澄も、徴兵を受けることになっていた。

しかし、徴兵検査は本籍地で受けるのが原則だった。新聞記者である謙澄は、職務上欠勤ができないからと、当時はまだ許されていた代人料を払って徴兵の代わりとしようとしたのである。しかし、まもなく、官僚として正院に出仕することで、徴兵は免除になる。

明治九（一八七六）年三月十二日付『太政類典《だじょうるいてん》』には、「小倉県管下第三大区四小区前田村農房泰弟末松謙澄儀　正院御用掛中　兵役免除候《そうろう》條《のじょう》　為心得《こころえのため》此旨《このむね》相達《あいたっし》候《そうろう》事《こと》」と、謙澄の兵役免除が明記されている。

「徴兵」は、国民全体の問題だった。

健康な男子は二十歳になれば、徴兵検査を受けて海軍か陸軍に入り、兵役につかなければならない。

明治の初年までは薩摩藩主・島津久光《しまづひさみつ》、長州藩士・前原一誠《まえはらいっせい》などが「徴兵」に反対したり、西郷隆盛のように「志願兵制度」を取るべきだと主張するものもあった。しかし、明治四（一八七一）年に廃藩置県が行われるとともに急速に中央集権体制が強化され、明治五（一八七二）年に「徴兵告諭」の布告、翌年一月十日に徴兵令が施行される。

「徴兵」には、二つの目的があった。

ひとつは、国内における反乱があった場合の鎮圧である。

すでに触れたように、新政府の方針に対する反発の火種はあちこちで燻《くすぶ》っていて、いつそれが爆発するかも分からない状態だった。

完全にそれを鎮火させるためには「天皇」への絶対的服従を一人ひとりに意味付ける「兵役」と「教育」が必要だった。

「日本」という国を守ることは、すなわち「皇室」を守ること、そのために兵役があり、陸軍、海軍が不可欠だったのである。

そして、もうひとつ、国内の政治的安定は、海外諸国との関係の中で保たれる。つまり、もし隣国で、我が国の利権を脅かす武力行使があった場合には、「日本」を守るために武力行使で対抗する必要がある。

このようにして、日本という国家を、内的外的に安全に守るために「徴兵令」が敷かれたのだった。

江華島事件と日朝修好条規

そして、まもなく、江華島事件《こうかとう》が勃発する。

朝鮮の首府・漢城の北西、江華島（現・仁川広域市）で起こった朝鮮と日本の武力衝突である。明治八（一八七五）年九月二十日、朝鮮西岸海域を測量中であった日本海軍・雲揚号《うんようごう》が朝鮮軍に砲撃された。

古来、我が国にとって、朝鮮半島は大陸との懸け橋として非常に重要な地域であり、明治新政府はその樹立後まもなく使節を遣って修好を求めていたが、朝鮮の興宣大院君《こうせんだいいんくん》（一八二〇〜一八九八）は頑《かたく》なにそれを拒み、鎖国を固持した。興宣大院君は、アメリカ商船ジェネラル・シャーマン号の焼き打ち、フランス人神父およびカトリック信者八千名の処刑などを行い、そうした鎖国政策のひとつとして江華島事件が起こったのだった。

日本海軍、雲揚号・官長井上良馨《いのうえよしか》が、九月二十八日、朝鮮側の砲撃を鎮圧して長崎に帰港すると、日本政府はすぐに問罪《もんざい》の使節派遣として黒田清隆全権大臣、井上馨副全権大臣との交渉で、明治政府との外交・貿易関係を朝鮮側が諒承すれば、事件の賠償金支払いを命じないという条件を突きつけて、日朝修好条規を調印させた。

こうして朝鮮は日本に対して開国する。

しかし、なおヨーロッパ列強に対しては鎖国を続け、明治十五（一八八二）年になってようやくアメリカ合衆国及びドイツ、イギリスと、そして明治十七（一八八四）年になってロシアとの間に条約を締結することになる。

ただ、問題は朝鮮と清朝との関係であった。

日本、アメリカ合衆国、フランスは朝鮮を独立国とみなして対応したが、清朝はもとよりイギリス、ドイツは、清朝の宗主権を認め、朝鮮を清朝の属邦として扱った。

これは、明治二十七（一八九四）年に勃発する日清戦争、はては明治三十七（一九〇四）年の日露戦争の原因にも繋がるのだが、それについてはまた後で触れよう。

謙澄は、日朝修好条規の締結のための随員として同行することで、初めて実地にその問題を見、外交がどのようにして行われるのかを自身の目で見たのだった。

それまでの新聞記者として政府の発表や取材、各国の新聞からの情報によって記事を書くという立場とは異なる視点を、この時、謙澄は初めて得たのではなかったろうか。

条規締結のための本交渉は、明治九（一八七六）年二月十一日から二月二十六日まで、日本側は黒田清隆全権大臣と副大臣・井上馨、朝鮮からは簡判中枢府事・申櫶《しんけん》と副総管・尹滋承《いんじしょう》が出席して、江華島で行われた。

「日朝修好条規」は、朝鮮を日本と平等の権利を有する国家として認めること以下、相互にそれぞれの首都に公使を駐在させること、朝鮮沿岸の安全な航行を図るための測量を日本に許すこと、自由貿易、領事裁判権を認めることなど十二款《かん》に及ぶ。

条約の文章は日本語と漢文で書かれたが、この条規の起草は、謙澄の筆によるものとされる。謙澄の文章力は、今や、こうした国際間で交わされる条文にも及ぶに至ったのである。

同年、三月四日に、謙澄は帰国している。

西郷隆盛への「降伏勧告状」起草

謙澄は、朝鮮からの帰国後まもなくは正院にあったが、伊藤博文はもちろん、江華島事件で知ることになった黒田清隆や井上馨などとも親しくなり、政府の中枢の人々との交際の範囲も深く広くなり、しばらくして太政官権少書記官《だじょうかんごんしょうしょきかん》の肩書で法制局専務となった。

さて、日朝修好条規の締結からちょうど二年後の明治十（一八七七）年二月、国内最後の内戦と言われる西南戦争が勃発する。

薩摩藩士・西郷隆盛を盟主として起こった士族による反乱である。

西郷軍の出兵を聞いた政府が、反乱軍討伐のために勅を受けて出兵したのは二月十九日のことであった。

政府軍は、総督に有栖川宮熾仁親王、参軍は陸軍中将・山縣有朋、海軍中将・川村純義《かわむらすみよし》である。

熊本城での戦闘、田原坂《たばるざか》・吉次峠《きちじとうげ》での激戦、都城《みやこのじょう》での戦い、豊後《ぶんご》・美々津《みみつ》・延岡《のべおか》から城山《しろやま》での籠城戦などで知られるこの戦乱は、九月二十四日、西郷隆盛の自決をもって終わるが、謙澄は、陸軍中将・山縣有朋から、突然、熊本出張を命ぜられた。

六月十四日のことだった。

まもなく謙澄の職位は「兼補陸軍省七等出仕、征討総督本営附」となる。

これは、西郷隆盛に対して書かれた「降伏勧告状」の起草のためである。

「起草」とは、文章の骨格を作り、文案を練ることである。

西郷隆盛のような古典の教養にも豊かな人に対し、しかも「降伏」を促す文章を書くのは、山縣有朋も躊躇《ためら》わずにはいられなかったに違いない。幕末以来、山縣は西郷と盟友だったのである。

この文章は、山縣が西郷に対して語りかけるように書かれている。

「どうしてこんなことになったのか」と、山縣が西郷に対して涙を流しながら、降伏を訴える。

自分だけは、西郷のことを信じていると。

きっとこの文章を読む西郷の胸には、幕末維新の動乱を山縣と一緒に過ごした日々が去来したことだろう。

この「降伏勧告状」は、西郷へのこれまでの感謝と、「日本」という「国家」に対する忠誠心を謳うものだった。

「名文」と称され西郷軍内で話題になったという。また戦前までは、文章の規範としても朗読された。

少し長いが以下に引用するので、ぜひ、音読して、それを味わって頂きたいと思う。

辱知生《じょくちせい》山縣有朋頓首再拝《とんしゅさいはい》、謹《つつしん》で書《しょ》を西郷隆盛君の幕下《ばくか》に啓《けい》す。有朋が君《きみ》と相識《あいし》るや、茲《ここ》に年あり。君の心事《しんじ》を知るや、又蓋《けだ》し深し。曩《さき》に君の故山《こざん》に静養せしより、已《すで》に数年、其《その》間謦咳《かんけいがい》に接《せっ》するを得ざりしと雖《いえど》も、旧朋《きゅうほう》の情《じょう》は、豈《あに》一日も有朋が懐《ふところ》に往来《おうらい》せざらんや。図《はか》らざりき、一旦滄桑《いったんそうそう》の変《へん》に遭際《そうさい》し、反《かえっ》て君と旗鼓《きこ》の間《かん》に相見《あいまみゆ》るに至《いた》らんとは。君が帰郷せしより以来、世論《せろん》の鹿児島県士に於《お》ける、其異状《そのいじょう》を云々《うんぬん》する物《もの》は、概《おおむ》ね皆曰《いわ》く、西郷其《そ》の謀主《ぼうしゅ》たりと。曰く西郷其の魁《さきがけ》たりと。有朋独《ひと》り之《これ》を排斥《はいせき》して然《しか》らずとせしに、今にして之に乖離《かいり》す。嗚呼《ああ》復《また》何をか言《い》わんや。然《しか》りと雖《いえど》も、窃《ひそか》に有朋が見《み》る所を以てすれば、今日の事《こと》たる勢《いきおい》の已《や》むを得ざる依《よ》るなり。君の素志《そし》に非《あら》ざるなり。有朋能《よ》く之を知る。夫《そ》れ君の徳望《とくぼう》を以て鹿児島壮士《そうし》の泰斗《たいと》たり。真《しん》に君にして異図《いと》を懐《うだ》かば、何《なん》ぞ其名《そのな》なきを患《わずら》えんや。何ぞ其機《そのき》なきを苦《くるし》まんや。而《しか》して今日《こんにち》陸軍の公布する所を見るに、罪を一二の官吏に問わんと欲するに過ぎず。是《こ》れ果《はた》して挙兵《きょへい》の義名《ぎめい》に適《てき》せりと云《い》わん乎《か》。……交戦以来、既に数《すう》月《げつ》を過ぐ、両軍の死傷する日に数百。朋友《ほうゆう》相殺し骨肉相食《こつにくあいは》む、人情《じんじょう》の忍ぶ可《べ》からざる所を忍ぶや、未《いま》だ此戦《このいくさ》より甚しきは莫《な》し。而して戦士の心を問えば、敢て寸毫《すんごう》の怨《うらみ》あるに非ず。王師《おうし》は兵隊の武職《ぶしょく》に依り、薩軍《さつぐん》は西郷の為にすると云《い》うに出でず。夫一国《それいっこく》の壮士《そうし》を率《ひき》いて、天下の大軍に抗《こう》し、劇戦数旬《げきせんすうじゅん》、挫折《ざせつ》して撓《たゆ》まず、又以て君が威名《いめい》の実《じつ》あるを示すに足る。而して君が麾下《きか》の将校にして善《よ》く戦う者は概《おおむ》ね皆死傷し、薩軍の復《また》為す可からざるや明なり。将《はた》た何の望む所ありて、徒《いたずら》に守戦健闘を事とする乎《か》。説者《とくもの》は必らず曰《い》わん、西郷は事の成らざるを知ると雖も、其余生を永うせんが為に、千百の死傷を両軍の間に致すを愍《あわれ》まざる也《なり》と。有朋固《もと》より其然《そのしか》らざるを知るを以て、君の為に之を痛惜《つうせき》せざるを得《え》ず。願《ねがわ》くは君早く自ら謀《はか》り、一は此《こ》の挙《きょ》の君が素志《そし》に非ざるを証《しょう》し、一は彼我の死傷を明日《めいじつ》に救うの計を成せよ。君にして其謀る所を得ば兵も亦尋《つい》で止まん而已《のみ》。是れ豈《あに》君の志に非ずや。嗚呼天下の君を今日に毀誉《きよ》するや極まれり。国憲《こくけん》の存する所は自ら然らざるを免れずと雖も、想《おも》うに君の心事を知る者も亦独《またひと》り有朋のみならず、何ぞ公論《こうろん》の他年《たねん》に定まる所を慮《おもんぱか》らざる乎。故旧《こきゅう》の情に於て有朋切《せつ》に之を君に翼望《きぼう》せざるを得ず。君幸に少しく有朋が情懐《じょうかい》の苦を明察せよ。涙《なんだ》を揮《ふるい》て之を草《そう》す。不得盡意《こころをつくすをえず》。頓首再拝《とんしゅさいはい》。

この熱い降伏勧告状に西郷は返事をすることなく自決し、西南戦争は終結する。

西郷の立場で書いた漢詩「兵児謡」

謙澄は、山縣有朋の名前で西郷隆盛「降伏勧告状」を書いたが、西郷の立場となって「兵児謡《へこのうた》」という漢詩も書いている。

負是賊勝是官　勝《か》てば是《こ》れ官《かん》　負《ま》くれば是《こ》れ賊《ぞく》
男児唯応冒嶮艱　男子唯応《ただまさ》に　嶮難《けんなん》を冒《おか》すべし
咄嗟暁出鹿児島　咄嗟《とっさ》　暁《あかつき》に　鹿児島を出で
絶叫夕度太郎山　絶叫して夕べに度《わた》る　太郎山《たろうざん》
眼下蕞爾熊本城　眼下蕞爾《さいじ》たり　熊本の城
唾手可抜立食間　手に唾《つばき》して抜くべし　立食《りっしょく》の間《かん》
君不見南関北関路歴々　君見ずや南関北関　路歴歴《みちれきれき》
直破此関無一敵　直《ただ》ちに此の関を破らば　一敵《いってき》無し

（この戦いに勝てば官軍として一斉に賞揚されることになる
もし敗戦したならば賊軍の汚名を着ることになる
男児たるもの、ひたすら力戦するしかない
夜明けに郷里鹿児島を出発し、
雄叫びの声も勇ましく、夕方には太郎山の峠を過ぎる
山上より見下ろせば、熊本城が小さく見える
手に唾して、いざ、わずかな時間で一気に陥そう
君、見たまえ、
これを敵の関門というべき南と北に通じる道が、ここからはっきりと見えている
直ちにこの関門を破れば、我々の前には一人の敵もいない）

謙澄は、西南戦争に従いながら、五十首余りの詩を詠んでいた。この時の詩は、『明治《めいじ》鉄壁《てっぺき》集《しゅう》』（明治十二年十二月）に収められている。

英国へ

明治十二（一八七九）年、『明治鉄壁集』が出版された時、謙澄はすでに日本にはいなかった。

その前年の明治十一（一八七八）年二月、謙澄は、英国公使館付一等書記見習という職位に就き、「英仏歴史編纂方法取調」の役目で、官費留学生となり渡英したのである。

この時、謙澄を一等書記見習、官費留学生に推薦したのは、伊藤博文だったと言われている。漢詩はもとより、人の心を動かす名文を書くことができ、英語もできる。また人物としても山縣有朋、井上馨、福地桜痴らに評価されていた。伊藤は、そんな謙澄の才能をさらに伸ばすべく、英国への留学を推挙したに違いない。

伊藤博文は、かつて井上馨、山尾庸三《やまおようぞう》、遠藤謹助《えんどうきんすけ》、野村弥吉《のむらやきち》らと文久三（一八六三）年十一月四日からロンドンにいたことがあったが、イギリスの新聞で薩英戦争や長州藩が連合軍によって攻撃されるかもしれないなどの記事を読んで、留学などしている暇《いとま》あらずとして翌年四月には帰国の途に着いていた。このことが、伊藤博文と井上馨が新政府の要人になっていく理由のひとつであるのだが、状況が許せば、もう少し長くイギリスで勉強をしたかったに違いない。伊藤は、志半ばにして帰国した自分にできなかった仕事を、謙澄に托そうとしたのではないかと思われる。

いずれにせよ、伊藤博文が謙澄を自分の息子のように思っていたことは確かだろう。謙澄のイギリス留学からの帰国は明治十九（一八八六）年三月になるが、帰国後、伊藤博文は、謙澄に娘・生子《いくこ》を娶《めあわ》せるのである。

さて、「英仏歴史編纂方法取調」という留学の目的は、どういう意味を持つのだろうか。

明治十年を過ぎると、我が国は鉄道網の敷設、教育の普及とともに、いよいよ国会開設へと歩みを始める。政府は、独立国家として欧米諸国を規準とするグローバルスタンダードへの対応、また政治参加を求める民衆の要求に応えなくてはならなくなっていた。

そのためには、近代国家日本としての新しい「歴史」が必要になる。

幕末から明治維新を経て、近代国家としての日本の成長は、どのように成し遂げられたのかを、客観的な目で見直し、それを国内外に向けて発信することが、「日本」の国家としての主権を主張することになる。

謙澄の在欧八年の間のことについては次章で詳しく述べたいが、『防長回天史』という謙澄の晩年十年を費やして書かれることになる大著を完成させた精神は、イギリス・ケンブリッジ大学での学問によって培《つちか》われることになる。言い替えれば、『防長回天史』は、英国留学を与えてくれた伊藤博文と政府への感謝、またその課題に対する答えであったとも言えよう。

明治四（一八七一）年、九州京都郡前田村から単身上京した謙澄は、六年で、さらに大きく羽ばたくための機会を得たのである。

第二章　外から見た日本

明治18（1885）年　31歳
フランス・リールにて。前列中央が謙澄。

イギリス「留学」の目的

明治八（一八七五）年の江華島事件にともない、翌年に結ばれる「日朝修好条規」は、我が国が東アジアで果たすべき役割を世界に示し、さらに明治十（一八七七）年に勃発した西南戦争の鎮圧は、長く続いた武士の時代の終わりを告げる役割を果たした。

明治十（一八七七）年四月には、東京大学（官立洋学校としての「東京開成学校」と東京医学校を文部省管轄としたいわゆる「旧東京大学」）が発足し、法科・理科・文科・医科の四学部を設置して、それぞれの学問研究機関を設置した。

謙澄は、明治十一（一八七八）年、二十四歳の時に、「英仏歴史編纂方法研究」の目的で、「英国公使館付一等書記見習」としてイギリスに留学する命を受ける。

伊藤博文の推挙によるものであった。

幕末・慶応三（一八六七）年から明治十四（一八八一）年までの太政官日記及び日誌諸公文などを使って当時の記録を編纂した『太政類典』という資料がある。

当時の政府の重要な記録はほとんどこれに網羅されているが、謙澄の英国留学の命もこれに記載されている。

「二月九日　（明治）十一年
正七位末松謙澄へ達《たっす》

本務の余暇を以て英仏歴史編纂方法研究申付《もうしつけ》候《そうろう》事《こと》
修史《しゅうし》館《かん》上申《もうしあぐ》」

続けて、その具体的な内容が記される。

それによれば、これまで日本の歴史書は、中国の正史のスタイルで編纂される実録《じつろく》や、天子の側近がその言行を記録する起居注《ききょちゅう》などの様式によって史料が作られてきた。しかし、これは、経済、風俗、宗教の各分野、また一般の人々の生活や利害得失などを網羅的に概観することには適当ではない。では、ヨーロッパでは、どのような歴史編纂が行われているのだろうか。我が国にはいまだヨーロッパの歴史編纂に関する書物の翻訳もなく、その体例を研究したものもない。ここに、それを研究する任務を仰せつけるというのである。

そして、記録の末尾には、以下のように記されている。

「此段《このだん》上申《じょうしん》仕《つかまつり》候也《そうろうなり》　二月七日同九日外務省へ通知
　追《おっ》て本文上申《もうしあぐ》の通《とおり》被　仰付事《おおせつけらること》に候《そうら》はば右研究費用として金千五百円逐次《ちくじ》入用《いりよう》に随《したが》い　別《べつ》途《と》御渡し相成度《あいなりたく》　此段《このだん》添《そえ》て上申《もうしあげ》仕《つかまつり》候也《そうろうなり》」

ここに記されている「研究費用金千五百円」とは、現在の額にしておよそ三千万円に相当する。

また、「入り用に従って研究費は別途渡す」と書かれていることからすれば、明治政府は、よほどこれまでとはまったく異なる「歴史」を書く方法の必要性を感じていたのであろう。

「留学」の費用

明治十一（一八七八）年当時、ヨーロッパに海外留学をするためにはどれくらいの資金が必要だったのだろうか。

たとえば、森鷗外《もりおうがい》は明治十七（一八八四）年からドイツに留学し、明治二十一（一八八八）年に帰国した。また、夏目漱石《なつめそうせき》は、明治三十三（一九〇〇）年にイギリスに留学し、明治三十六（一九〇三）年に帰国する。

森鷗外に対して陸軍から出された留学費用は年額千円（後、千二百円）。

漱石に対して文部省から出された留学費は年額千八百円。

謙澄の留学は、鷗外より六年早いが、年額千五百円。

謙澄が、破格の待遇で留学したのでないことは、確かである。

さて、鷗外の日記を見ていると、ドレスデン、ミュンヘン、ライプツィヒ、ベルリンへと移動し、貴族や著名な学者と食事をともにするなど、経済的困窮などをまったく感じさせない生活をしている。

これに対して、漱石の場合は、留学生活に経済的余裕はまったくない。漱石は、ケンブリッジ大学かオクスフォード大学に入学できればと望んでいたが、「段々大学の様子を聴て見ると先ず普通四百磅《ポンド》乃至《ないし》五百磅を費やす有様である。この位使わないと交際などは出来ないそうだ（略）留学生の費用では少々無理である。無理にやるとした処が交際もせず書物も買えず下宿にとじ籠って居るならば何も『ケムブリッジ』に限った事はない」と漱石は日記に記している。

現在でも、学費や寮費、書籍購入の費用なども含めれば、イギリスでの留学生活には一年間およそ五百万円は掛かる。漱石には月額五十円を遣う余裕はなかった。

この鷗外と漱石の生活の余裕の差は、日本が明治三十（一八九七）年にイギリスによるポンドを規準とする金本位制に加入したことによって起こったことだとされている。

文芸評論家・江《え》藤淳《とうじゅん》によると、「陸軍省留学生森林太郎二等軍医は、一円持って行けば一ドルのものが買えた。（中略）しかし明治三十三年に留学した漱石の場合、一ドル使おうと思ったら二円必要だった。年額千八百円貰っていても、鷗外の時の九百円分しか留学費がない」（『漱石とその時代』余話、新潮社『波』二〇一六年十二月号掲載）という状態だったのである。

それでは、謙澄の場合はどうだったのだろうか。

謙澄は、次のように書いている。

小子《しょうし》下宿之費用のみにても一週間に三ポンド余も掛《かか》り申候《もうしそうろう》。一ポンドは凡《およ》そ五円計之《ばかりの》比例《ひれい》なれば一七日間に十五円之割合に御坐候《ござそうろう》。其他衣服を製し教師を傭《やと》う等皆此比例にて、少し良き教師を日に二、三時間も相傭《あいやとい》候得《そうらえ》ば一月四、五十円位は何でもなき事に候。（当時小子ドクトルモリソンと申す人に一時間二シルリング半二歩《ぶ》二朱計《しゅばかり》、に当る　女教師一人二時間にて二シルリング計、外に時々夜学をするに二シルリング計り、併《しか》是は重《ひとえ》に語学に掛り候得ば先々には高尚《こうしょう》之教師を取らずては相成申間布候《あいなりもうしまじきそうろう》。）

下宿の費用だけで一か月六十円。これに洋服を買うなどの経費、英語の家庭教師を雇えば五十円が掛かるというのである。

漱石ほどの生活の苦しさはなかったように思えるが、謙澄も学問をするには様々な「工夫」が必要だったようである。

それは、謙澄が自分自身に課した課題である、「日本とは何か」「日本文化とは何か」「日本は世界とどのように繋がり結ぶのか」そして「ヨーロッパの文化は、いかにして創られたのか」ということに取り組んで学問をすれば、どれだけお金があっても十分ではなかっただろう。お金だけではない、無駄に過ごす時間など一刻もなかったに違いなかった。

ロンドンに到着

謙澄を乗せた船は、明治十一（一八七八）年二月十日に横浜港を出発し、イギリス領香港、オランダ領セイロン島ポイントゲール、イギリス領コロンボ、アデンを経て、スエズ運河を越え、フランスのマルセイユに到着した。三月二十六日のことである。

謙澄は、ロンドンに到着するまでの寄港地で、イギリスのアジアにおける支配力の大きさに驚かされたのではなかっただろうか。

さて、パリで三泊した後、謙澄はカレーからドーバー海峡を渡り、汽車でロンドン、ビクトリア駅に到着した。

この二か月足らずの間、謙澄は父親に宛てて多くの書簡を送っているが、その中で、パリ万国博覧会に向かう多くの日本人が同船していることに触れている。

パリでは、一八五五年から一九四九年にかけて計八回の国際博覧会が開かれるが、一八七八年五月二十日から十一月十日まで行われたこの第三回パリ万博に招待された日本は、大久保利通を博覧会事務総裁に、副総裁・松方正義《まつかたまさよし》、文部省からは九鬼隆一《くきりゅういち》、ほかに三井物産などが参加し、盛大な日本文化の宣伝が行われた。

日本は、一八六七年、徳川昭武《とくがわあきたけ》が招かれ渋沢栄一が随行した第二回パリ万博以来の参加であるが、それ以来、日本の浮世絵、陶磁器などによるいわゆる「ジャポニズム」が脚光を浴び始めていたのである。

ところで、謙澄が乗った同じ船には、洋画家・山本芳翠《やまもとほうすい》（一八五〇〜一九〇六）もいた。

山本芳翠は、子どもの頃から絵を描くのが好きで、故郷の美濃国《みののくに》恵那郡《えなぐん》明智村《あけちむら》（現・岐阜県恵那市）を十五歳の時に離れた。横浜で絵の勉強のために中国に渡りたいと人を探していた時、岸田吟香や『ジャパン・パンチ』で知られるイギリス人漫画家のチャールズ・ワーグマンに出会い、工部美術学校でフランス人・フォンタネージに本格的に洋画を習ったという経歴を持つ。明治十（一八七七）年、二十七歳の時、第一回内国勧業博覧会に出品した『勾当内侍月詠図《こうとうのないしつくよみのず》』は宮内庁買い上げの栄誉を受け、さらに岸田吟香の斡旋《あっせん》で、一八七八年にパリ万博事務局雇としてフランスのエコール・デ・ボザールに入学することになっていたのだった。

第一章で、「東京日日新聞」に謙澄と高橋是清の原稿が買われたのは、高橋是清が岸田吟香と知り合いだったからでもあると述べたが、この岸田吟香を通じた山本芳翠と謙澄の出会いも、必然であったとすら言いたいほど謙澄に大きな影響を与えることになる。というのは、謙澄は山本芳翠から洋画の持つ「リアリズム」の本質を教えられ、絵画に開眼したのである。そして、このことがかえって日本画の持つ独自性を研究する眼を謙澄に与えることになる。謙澄はイギリス留学中にはウィリアム・アンダーソン「The Pictorial Arts of Japan」（『日本美術全書』）の編纂に寄与し、さらに後年には、相当の日本画のコレクションをすることにもなるのである。

長州五傑

謙澄がロンドンに到着すると、井上馨が出迎えてくれた。

井上馨は、明治九（一八七六）年六月から、欧米の経済視察という目的でイギリスに滞在していた。

じつは文久三（一八六三）年にも、井上馨は、伊藤博文（当時の名は俊輔《しゅんすけ》）、野村弥吉《のむらやきち》、遠藤《えんどう》謹助《きんすけ》、山尾庸三《やまおようぞう》とともに密航してイギリスに来ていた。いわゆる「長州五傑」（五十嵐匠監督により二〇〇六年に『長州ファイブ』というタイトルで映画化もされている）である。

「長州五傑」についてはすでに第一章でも触れたが、もう少し詳しくここで記しておこう。

第十三代長州藩主・毛利敬親《もうりたかちか》（一八一九〜一八七一）は、文久三（一八六三）年四月十八日、井上馨（当時の名は聞多《もんた》）、山尾庸三、野村弥吉の三名に洋行の内命を与えた。

まもなく三人は、江戸へ下り、駐日イギリス領事エイベル・ガウワーにイギリス行きの斡旋を依頼した。この計画が露呈《ろてい》すれば、当然、獄門となる。それは彼らの師・吉田松陰《よしだしょういん》がたどった道であったが、江戸にいた伊藤博文（当時の名は俊輔）と遠藤謹助が加わり五人での洋行が企てられた。

しかし、洋行には一年の滞在費で、一人千両を要するという。現在の価格に換算すると、一両はおよそ二十万円に相当する。具体的な費用を言うのではなく「大金」という意味で使われた「一人千両」であろうが、藩主が下賜した金額は一人二百両で、それではまったく足りない。そこで、長州藩の江戸藩邸留守居役、村田蔵六《むらたぞうろく》（大村益次郎）に頼んで、藩邸に鉄砲購入資金としてあった一万両のうちから五千両を借りてジャーディン・マセソン商会のチェルスウィック号で横浜を発ったのだった。

彼らは、ロンドンでアレキサンダー・ウィリアムソンというイギリス人化学者の家に寄留《きりゅう》し、ウィリアムソンが所属するユニヴァーシティ・カレッジ・ロンドンの法文学部の聴講生となる。ただ、元治元（一八六四）年の馬関《ばかん》戦争（下関戦争）の報を受けて、五人の中で伊藤博文と井上馨は半年あまりで急遽帰国する。この判断が、井上と伊藤の二人を明治新政府の中枢に据えることにもなる。

山尾庸三は、後、ロンドンを離れ、グラスゴーで造船技術を学び、帰国後、横須賀製鉄所担当権大丞、障がい者教育などを行い、宮中顧問官などを務めた。

遠藤謹助は造幣技術を学んで帰国し、造幣局の創設と発展に尽力し、野村弥吉は、鉄道と鉱山開発の技術を学んで帰国後、井上勝《いのうえまさる》と名を替えて、日本の鉄道の発展に寄与した。

伊藤博文と井上馨は、イギリスへのこの密航の行き帰りの船の中で、日本の行く末を語り合ったに違いない。二人の間には、この密航によって生まれた、同じ長州藩の人たちにも分からない、連帯感があったのではなかったか。

謙澄は、ロンドンで井上馨に会うとすぐ、伊藤博文からの井上馨宛の信書を渡したという。その末尾には「総而《そうじて》日本之形勢《けいせい》事情《じじょう》ハ、末松口頭《こうとう》ニ譲申候間《ゆずりもうしそうろうあいだ》、同人より御聞取可被下候《おききとりくださるべくそうろう》」と記されていた。「現在の日本の情勢については、謙澄から口頭で話があるだろうから、ぜひ聞き取って頂きたい」というのである。

すでに記したように、井上馨と謙澄は、「日朝修好条規」の時以来の関係があった。しかし、ここまで井上馨に親しく近づいて話ができるというのは、伊藤博文の謙澄に対する信頼があってこそだったろう。

女王陛下への謁見

謙澄は、イギリスに着いてまもなくの明治十一（一八七八）年五月七日にヴィクトリア女王に、また九日には皇太子に謁見《えっけん》することになっていた。

父親に宛てた手紙には、ヴィクトリア女王に謁見すれば、自分の名前も新聞に出ることになっていると記している。

このことは、謙澄にとって相当に名誉なことに違いなかった。

当時、イギリスでは、各国大使を招いての女王の謁見式や舞踏会などがバッキンガム宮殿で行われていた。明治十四（一八八二）年、井上馨の発案で、イギリス人建築家、ジョサイア・

コンドルに設計を依頼して作られた鹿鳴館《ろくめいかん》（完成は明治十六年）なども、こうしたイギリス王室の謁見式や舞踏会を摸倣したものである。

謁見の儀は、予定より二日遅れて、五月九日に行われた。

このレセプションについて、謙澄は、五月十七日付伊藤博文宛て書簡で、次のように記している。

小生《しょうせい》も五、六十磅《ポンド》にて金白付《きんぱくつき》の衣裳一揃相《あい》はずみ、始《はじめ》て銀台之《ぎんだいの》メダルをかざし去《さ》る九日公使に従い女王に謁見致候。一昨夜は外務卿之《の》リセプションに参り、今日は太子之レビーに参る筈、二十二日は女皇之ボール会、二十九日は夕談会に被相招居候《あいめされおりそうろう》。其外数処《そのほかすうかしょ》のパーチーに被相招申候《あいめされもうしそうろう》。是も当国之風俗を見候《みそうろう》には幾分《いくぶん》か利益可有之《りえきこれあるべき》と存候《ぞんじそうろう》。

（自分も五、六十ポンドの大礼服を新調し、銀製のメダルを付け、五月九日に女王陛下に謁見した。一昨日の晩には外務卿のレセプション、今日は皇太子のレビュー、二十二日には女王陛下による舞踏会、二十九日は夕食懇談会、その他様々なところでパーティーに呼ばれている。こうしたことで、イギリスの社会風俗を幾らか勉強させてもらっている）

当時の一ポンドは、おおよそ現在の約七万五千円に相当する。そうであれば、謙澄は、四五

○万円ほどの燕尾服を新調したということになるだろう。
さて、現在でもケンブリッジ大学、オクスフォード大学のカレッジに入ると、ほとんど毎週末、様々な分野の研究者や企業家などとの懇談会や会食が行われる。こうしたところで自分の研究についての話をすることで、彼らは研究のための資金をもらったり、研究に必要な人と出会ったりする。

当時のイギリス上流社会も、ケンブリッジ大学、オクスフォード大学を卒業した人たちで占められていた。後に謙澄もケンブリッジ大学に進学するが、日本人としてこれらの大学に入学することは、当時非常に困難なことだった。最大の問題は学費である。

さて、「英国公使館付一等書記見習」として、イギリス王室の人々、また政府の要人に謁見するなどしていくなかで、謙澄はハンガリー人の歴史家、ゼルフィ・グスターヴ・ジェルジ（一八二〇～一八九二）という人物と出会うことになるのである。

国産初の軍艦「清輝」

英国公使館付一等書記見習の職務のひとつとして、日本が国産として初めて作った軍艦「清《せい》輝《き》」の歓迎会のことについて少し触れておこう。

エコール・ポリテクニーク出身のフランス人技術者、レオンス・ヴェルニーを招いて、幕府が横須賀に「横須賀製鉄所」を開設したのは慶応元（一八六五）年であった。

明治三（一八七〇）年にはここに「黌舎《こうしゃ》（学校のこと）」が作られ、十三歳から二十歳までの学生が集まった。造船技術、機械学、製図法をフランス語で学ぶのである。

明治四（一八七一）年四月九日には工部省管轄として「横須賀造船所」と名前を替えることになるが、明治六（一八七三）年十一月二十日、ヴェルニーの設計をもとに、黌舎を出た技術者が軍艦を作り始める。

「清輝」と名づけられるが、艦名の由来は、儒教の経典『易経《えききょう》』（山天大蓄）に見える「輝光《きこう》、日々《ひび》其《そ》の徳を新たにす」に依《よ》るものであった。意味は剛健《ごうけん》、篤実《とくじつ》で光輝き、日々、徳を新たなものにしていく、というものである。

竣工《しゅんこう》は約二年半後の明治九年六月二十日（二十一日との説もあり）。

国産初の軍艦誕生であった。

「清輝」は、明治十（一八七七）年の明治天皇の大和行幸などにも供奉艦《ぐほうかん》として同行、また西南戦争の時にも使われ、神戸から鹿児島、博多へと向かっている。

その後、明治十一（一八七八）年一月十二日に横浜を出港し、香港、シンガポール、コロンボ、アデン、スエズ、マルタ、シチリア、ナポリ、ジェノバ、ツーロン、マルセイユ、バルセロナ、リスボン、プリマス、ポートランドを経て、同年七月六日にイギリスのポーツマスに着くという、国産軍艦として初めての海外遠征を行ったのである。

我が国の造船技術の発展は、まさにこの「清輝」建造から始まったと言っても過言ではない。

ところで、ポーツマスからロンドンまでは約百キロ。清輝艦長・井上良馨《いのうえよしか》（一八四五～一九二九）は、ロンドンの日本公使館を訪ねる。

そこで、七月二十六日に清輝をテムズ川の上流、グリンハイズという港に錨泊《びょうはく》させ、イギリスの高官、在英外国人高官など約五百名を招待してレセプションを開きたいという提案を、上《うえ》野《の》景範《かげのり》（一八四五～一八八八）から受けるのである。

大井昌靖『初の国産軍艦「清輝」のヨーロッパ航海』によれば、イギリスの新聞ヘラルド紙は、イギリス人が日本初の、日本人だけで造り上げたこの軍艦の素晴らしさを驚嘆の眼で見たと伝えたという。

「七月二十六日、日本の軍艦『清輝』は、イギリス海上においてレセプションを開催し、イギリスの様々な高官及び、諸国の駐在公使等を招待した。『清輝』の景状を観るに、それは日本国の開化を想わせるものであった。外国人の手を全く借りることなく日本からイギリスまで航海して来たことは、感嘆に値する。（中略）『清輝』を見学して、その状況を見るに、この艦が戦争の規則条例を遵守《じゅんしゅ》していることがよくわかった。東洋にこのような一文明国があることに驚くほかない」（大井昌靖前掲書）

明治維新から十年、日本は、造船のみならず海洋法、国際的規則条例に準ずる文明国としての一歩を踏み出したことを、列強に対して「清輝」の存在で知らしめたのである。

さて、高官たちを招いてのレセプションの準備には二十日を要した。「料理のメニューと量の決定、材料の仕入れ、各種の酒、果実等の調達、そしてイギリスの習慣に倣っての飾りなど、やることはたくさんあった。準備には人手と多額の費用を必要とした」（同前）

こうした盛大なイギリス式レセプションの習慣は、盛大な国賓、外交官を接待するための鹿鳴館などの社交場を生み出すことになる。

ところで、謙澄は、この頃、井上良馨艦長をロンドン市内の劇場に案内したという。同年パリで行われる万国博覧会の事務副総裁であった松方正義大蔵大輔も誘ったが、病気のため劇場には来られなかったという。

「歴史」とは何か

さて、謙澄の留学の目的は「英仏歴史編纂方法研究」であった。

明治政府は、ルネッサンス以降、「近代科学」の発展にともなう産業革命によってヨーロッパの精神が根本から変化し、列強諸国が創られたことは十分に知っていた。

そして、ここから推して、人文科学の分野でもとくに歴史学が、人々の意識の改革に大きな働きをしたに違いないと考えた。

それは、たとえば、明治天皇の愛読書、サミュエル・スマイルズの「セルフ・ヘルプ」（邦訳は『自助論』）、あるいは中村正直《なかむらまさなお》訳『西国立志編』などを見ても明らかである。

もともと「武士道」など、「精神力」を鍛錬《たんれん》することを美徳とした日本人にとって、自らが依って立つところの「歴史」を、ヨーロッパの「自助」の精神と合致させれば、これこそが「近代化」への最も大きな原動力になると考えたのは当然の帰結だった。

中国がアヘン戦争で敗れたのは、もちろん大砲などの銃器によるものであるが、もっと根元的な問題は、「歴史」が形骸化した形でしか書かれていないということだった。

謙澄に課せられた「英仏歴史編纂方法研究」とは、つまり、国民一人ひとりに啓蒙を促すための「物語」の創造に対する研究だったのである。

歴史とは何か――結論から述べよう。

謙澄は、現在の金額にしておよそ数億円の私財を投じて『防長回天史』十二巻という長大な書物を書き終えてまもなく、大正九（一九二〇）年に六十六歳で亡くなる。

二十四歳でイギリスに留学して以来、四十二年間、謙澄の頭から「英仏歴史編纂方法研究とは何か」が頭から離れることはなかったのではないだろうか。

しかし、謙澄が編纂した『防長回天史』が、日本国民の精神を啓蒙し、近代化への道を進む原動力になったかと言えば、残念ながら『防長回天史』は必ずしもそうした画期的なものではあり得なかった。

なぜなら、世界中のどこの国にも、普遍的絶対的歴史の編纂方法など存在しないからである。「啓蒙」という点で言えば、むしろ徳川光圀《みつくに》が命じた『大日本史』や、頼山陽《らいさんよう》の『日本政記《にほんせいき》』『日本外史』などこそ、幕末の志士の心を動かしたと言っていいだろう。

たとえば、『日本外史』は、平安末期の源平の合戦から、鎌倉、南北朝、室町、戦国時代、徳川家康による江戸開幕に至る武士たちの「歴史」を、おもしろい逸話などを挿入しつつ、中国の古典『春秋左氏伝』や『史記』に倣って格調高い文章で綴って行く。

漢文だが、歯切れ良くすらすらとリズミカルに音読できる程に簡潔な文章は、まさに講談でも聞いているような臨場感を醸《かも》し出し、人の心を躍らせる。

しかし、政府が謙澄に研究課題としたものは、もちろんそういうものではなかった。「近代科学」に基づく「歴史編纂方法」である。

これについては改めて最終章で詳しく述べようと思うが、歴史編纂の方法は、哲学、法学、経済学、情報学などあらゆる分野の研究と無関係ではない。

そうした様々な学問の発達とともに、「構造」として歴史を見ていくことが現在では必要になってきている。

ただ、謙澄が留学していた一八七〇年代でも、また『防長回天史』を編纂していた一九二〇年当時ですら、まだそうした所まで、ヨーロッパの歴史学も到達していなかった。

そもそも、自分が生きている「時代」を「歴史」的に俯瞰《ふかん》することなどなかなかできることではない。

中国の「歴史」は、前王朝の腐敗と堕落を検証することで、現在の王朝の絶対的正義を説くものであり、それこそが朝鮮、ベトナム、チベット、モンゴルなど周辺諸国を東夷西戎北狄《とういせいじゅうほくてき》南蛮《なんばん》と呼んで中央集権勢力下の属国とする価値観であった。こうした中国の「正史」は、どこまで行っても同じことを繰り返す「停滞」を描く歴史観ではないかと、最初に疑問を抱いたのはドイツの哲学者・ヘーゲル（一七七〇～一八三一）である。

これに対して、西洋の歴史は「発展」ではないか。ギリシャからローマ帝政、ゲルマンの世界へとヨーロッパの歴史には「発展」が見られる。この「発展」への視座が、結局、ヨーロッパの「近代」を生み出す大きな精神史的意味を持つことになるのだが、それはまだ「近代化」の真っ只中へと突入したばかりの日本では誰にも分かることではなかった。

世界史的精神史的視点によって、冷静、客観的に「事実」から「発展」の核心を捉える能力と熟達した文献学的解剖の経験なしには、それは結局、回答不可能な禅問答にしかなりえないものなのである。

謙澄は、山本芳翠の洋画における「リアリズム」に触れて日本画に開眼したのと同じように、後年、毛利家編輯所で長州藩の維新史関係文書を実際にみずからひもとくことで、ようやくヘーゲルの歴史観に基づく精神史的発展の核心を捉える文献学的能力を発揮させることになるのである。

ただ、謙澄は、「構造」を見ていくための準備段階としてあった、「客観的視点からの歴史編纂」という点では、このイギリス留学を経て未到の地点まで達していた。

これは、じつに驚くべきことである。

留学の目的達成

女王陛下謁見から半年が過ぎた一八七八年十二月七日、謙澄はイギリスのある歴史家（名前は不明）に手紙を記し、ヨーロッパにおける歴史編纂がどのように行われるのかという質問をしたという。

質問に対する回答が来たのかどうかは明らかではない。

だが、すでに述べたように、謙澄を納得させるような「歴史編纂方法研究」を明確に示すものはなかったことは確かである。

そうだとすれば、自分で研究するしかなかった。

しかし、独学には限界がある。デンマーク、コペンハーゲン大学の歴史学者・マーガレット・メール『歴史と国家　19世紀日本のナショナル・アイデンティティと学問』（二〇一七年、東京大学出版会）にこの頃の謙澄のことも記されているが、それによれば、「末松は熱心に研究を進めたが、西洋の歴史編纂を理解するのは困難であった」という。

こうして、謙澄は、王立歴史学協会の評議員・ゼルフィ・グスターヴ・ジェルジに「英仏歴史編纂方法」の入門書執筆を依頼するのである。

マーガレット・メールによればゼルフィは、この頃、ロンドンで、歴史に関する多くの講演を行っていたらしい。

一八七九年三月六日に謙澄からの執筆依頼を受けたゼルフィは、「The Science of History」（邦訳『歴史科学』）を半年後の同年十月にまとめたのだった。

これは、ゼルフィにとっても、また史学の分野においても非常に有意義なことだった。というのは、当時は、先にも述べたようにまだヨーロッパでも歴史に対する理論的なアプローチは極めて少なかったからである。

じつは、タイトルにある「サイエンス」を「歴史の理論」という意味で使ったのは、ゼルフィが初めてだった。

ゼルフィは著書の中で東洋や東洋の美術史の重要性にも触れている。

これは、まさに謙澄との関わりの中で生まれて来た新しい視点だったということができるだろう。

謙澄は、ゼルフィの原稿を受け取ると、ロンドンのW.H. and L. Collingridge社に依頼し、二百部を印刷してその半分を日本に送ったのだった。

この本が日本でどのように扱われたのかについては、第五章で少し詳しく述べたい。

一八七八年にイギリスに赴任した謙澄は、与えられた職務に対して、迅速に最も適任と考えられる歴史学者を見つけ、「英仏歴史編纂方法研究」の理論書を日本に送ったのである。

この間に謙澄は、二十五歳になっていた。

この本の出版で、謙澄の渡英の目的はある程度達成されたと言えよう。しかし、帰国の下命はなかった。

日本では決して手に入らない情報を収集・分析

謙澄は、伊藤博文に宛てて国際情勢に関する詳細な報告を送っていた。

これは、謙澄に課せられた職務のひとつだったのだろう。

たとえば、イギリスに来てまもなく、謙澄はベルリン会議のことを週に一回程度の割合で詳しく伊藤博文に宛てて記している。

六月十三日から一か月にわたって、ベルリンで行われた会議には、ドイツ、イギリス、フランス、オーストリア、イタリア、ロシア、オスマントルコ帝国の七か国が参加した。

一八五六年のパリ条約で約束されたバルカン半島の平和が、一八七七年のロシア対トルコ戦争で崩れ、再び国際紛争が起こりかねない状態になっていた。これを危惧《きぐ》したオーストリアが、ビスマルクに仲介を要請し開かれたのが一八七八年のベルリン会議だった。

ここでセルビア、モンテネグロ、ルーマニアの独立、大ブルガリア公国がマケドニア、東ルメリア自治州、ブルガリアに分割されること、キプロス島をイギリスが租借《そしゃく》することなどが締結される。

謙澄は、ベルリンには赴かなかったが、イギリスに届くベルリンからの会議の情報を伊藤博文に宛てて送り、七月十二日にはベルリン会議での締結と新聞紙上での社説や通信の重要な部分に印をつけたりなどして送付している。

日本では決して手に入らない情報を収集・分析して送ってくれる謙澄の仕事は、伊藤博文や政府にとってなくてはならないものだった。

また、ベルリン会議以降も、謙澄は二週か三週に一度は、ヨーロッパの情勢について新聞や雑誌を引用しながら報告書を作成し、伊藤博文に送っている。

一八七八年七月にはイギリスのベンジャミン・ディズレーリ内閣が、ロシアのアフガニスタン進出阻止のためにロシアに対して宣戦布告し、三年にわたって戦時体制となる。

これは、ロシアの南下政策に脅威を抱く我が国にとっても楽観視できるものではなかった。いずれ、これが、明治三十七（一九〇四）年に勃発する日露戦争とも関係してくる。

見るものすべてを吸収する

謙澄は、あらゆることに貪欲に興味を抱き、それを消化する力があった。演劇鑑賞もそのひとつである。

謙澄は、たびたび演劇を鑑賞しに行ったと父宛の書簡に記している。

夜八時頃から深夜十二時頃まで行われる演劇は、日本の歌舞伎に比べると人を驚かせるような大きな仕掛けなどもなく、役者たちの技量にしてもそれほど日本と大きな差があるわけでもない。

ただ、日本の歌舞伎や能、狂言は、舞台で使われる言葉や役者の動きに、イギリスの演劇に比べて真実味が感じられないと謙澄は言うのである。

謙澄はこうした経験をふまえ、帰国後に「演劇改良意見」を書き、「演劇改良会」を組織することになる。

これは、後に詳しく記すが、当時の歌舞伎役者に対して「伝統」と「西洋式演劇」の二つの道を示す分岐点を作ることになる近代日本演劇史に不可欠の「改良」運動となるのである。

謙澄は、後年黄禍論と戦うために、英語で熱弁を振るう。講演は、ロビイストとして非常に重要な仕事であるが、プレゼンテーションの技術もきっとこうした演劇鑑賞によって培《つちか》ったものだったのであろう。

父の死

謙澄は、渡英して一年ほど経った明治十二（一八七九）年六月十日、伊藤博文に宛てた書簡に、来年の春（つまり一八八〇年）ケンブリッジ大学に入学しようと考えているという手紙を書いている。

ケンブリッジ大学で、史学、法学、経済学三科混合のクラスに入り、そのかたわら仏独語も勉強したいと思っているという。

この手紙を書いたころ、謙澄には訃報が届いていた。

五月十日に父・房澄が亡くなったのだった。

謙澄は、父の死の三か月前に長さ二一メートルにも及ぶ巻紙による書信を父に送っていた。「小倉藩治」という本を執筆するようにとの依頼の手紙だった。

父親や先祖が代々行ってきた仕事を基《もと》に、小倉藩でどのような政治が行われていたのかを、石高《こくだか》や、参勤交代《さんきんこうたい》の時の費用、租税、藩士や農民、工業、商業など、あらゆることを調べて書物にして欲しいと依頼していたのだ。

専門的なことではなくとも日々の慰みと思ってやって欲しいというものだったのだが、これは父親がそれを楽しみとしてやってくれれば、長寿の助けになるのではないかという謙澄の優しさだったろう。

あるいは、謙澄には『小倉藩史』のようなものを書きたいという思いがあったのかもしれない。

後年、謙澄は『防長回天史』をまとめることになるが、これは謙澄に課された「英仏歴史編纂方法研究」の結果として編まれたものだった。

もし、毛利家から「維新史」編纂を依頼されることがなかったとしたら、謙澄は、ゼルフィから示唆された歴史編纂方法で、故郷の歴史を書こうと思っていたのかもしれない。

師・村上仏山の死

謙澄には、この年、不幸が続いた。

五月に父を喪《うしな》い、八月には兄・房恒《ふさつね》が亡くなった。

そして、九月二十七日には、師・村上仏山が亡くなった。享年七十。
「為日前後僅百有余日、而訃問三至於予万里海外之寓、可謂人生不幸之甚者（日を為す、前後僅か百余日にして訃問三たび予が万里海外の寓に至る。人生不幸の甚だしき者と謂いつ可し）」と、謙澄は「祭亡師仏山先生文」に記している。「この僅か百日あまりのうちに、三通もの訃報が万里の彼方にいる自分のところに届けられた。これほどの不幸があろうとは」というのである。

小倉御変動（丙寅の役）が起こった時、十一歳の謙澄を自宅に置いて、漢文のみならず学問の基礎、そしてなにより人として守るべき教えを植え付けてくれた師であった。

仏山の詩は、戦前の『中学漢文教科書』（光風館書店）などでも紹介されている。

唐の白楽天《はくらくてん》、北宋の蘇東坡《そとうば》の詩を好み、彼らに影響を受けた仏山の詩は、苦しい人生を歩む人たちの言葉を代弁するように優しく、細やかな愛情に溢れている。

最も有名なものをひとつ挙げておこう。

謙澄の胸の中にも、仏山のこの詩はすぐに浮かんだに違いない。

魚荘蟹舎雨為煙　　魚荘蟹舎《ぎょそうかいしゃ》　雨　煙と為る
蓑笠独過壇浦辺　　蓑笠《さりゅう》独り過ぐ、壇《だん》の浦《うら》の辺

千載帝魂呼不返　千載《せんざい》の帝魂《ていこん》、呼べども返らず
春風腸断御裳川　春風　腸《はらわた》は断《た》つ御裳川《ぎょしょうせん》

この詩の意味は、だいたい次のようなものである。

蓑笠《みのかさ》をつけて雨を凌《しの》ぎながら壇ノ浦を過ぎると、魚や蟹を捕る漁師の家は雨に煙っている。思えばここで安徳《あんとく》天皇が入水《じゅすい》されてから千年。天皇の魂は、呼べどももう還ってくることはない。壇の浦に注ぐ御裳川《みもすそがわ》に吹く春風に当たりながら、私の腸《はらわた》は断ち切れるような思いである。仏山の水哉園から見える小高い山、目の前に流れる美しい長峡川《ながおがわ》が謙澄の頭には浮かんだに違いなかった。

謙澄は、恩師・仏山のために、独り盃を傾けた。

「祭亡師仏山先生文」の中で、「酒有尽、情無限、弟子謙澄祭先生於倫敦客寓三層楼、魂乎尚饗（酒に尽くること有るも、情けに限り無し。弟子《ていし》・謙澄先生を倫敦《ロンドン》の客寓《かくぐう》せる三層楼に祭る。魂や、尚饗《しょうきょう》せよ）」と記している。「酒には限りがあるが、先生への思いは尽きることがない。弟子・謙澄、ロンドンに仮住まいする三階建ての部屋に先生を祭る。先生の魂よ、私のこの弔《とむら》いを受けて下さい」と言うのである。

故郷への思い――『明治鉄壁集』の刊行

父、兄、師を次々と喪った謙澄は、明治十二（一八七九）年十二月に、ロンドンにいながら日本の出版社から漢詩五十編を収めた『明治鉄壁集』を刊行した。

七言古詩を中心としたこの詩集は、「二十三歳の気鋭を反映して、豪気跌宕《ごうきてっとう》といった感じの作が多い」（中村宏「青萍集」から見た末松謙澄）と評せられる。

「気徹至斗《きてっしてとにいたる》」と山縣有朋が巻頭に揮毫《きごう》し、大塩平八郎《おおしおへいはちろう》から教えを乞うたこともある漢学者・阪《さか》谷《たに》朗廬《ろうろ》の序文、栗本鋤雲《くりもとじょううん》、依田学海《よだがっかい》の跋文《ばつぶん》を付した漢詩集を出版することができるなど、なかなかできないことだった。

とくに、栗本鋤雲、依田学海は、江戸末から明治初期に掛けて名文家として著名であった。『明治鉄壁集』の各詩には、彼らに加えて、師・村上仏山の評語も附せられていた。謙澄は、詩ができると仏山に送って、仏山から批評してもらっていたのである。

この詩集には、たとえば、志半ばで斃《たお》れた明治三傑の一人に挙げられる木戸孝允《きどたかよし》（一八三三～一八七七）に思いを寄せたものなども載せられる。

「六月十七日将発西京、謁故木戸内閣顧問墓（六月十七日将《まさ》に西京《せいきょう》を発《た》たんとし、故木戸内閣顧問の墓に謁《えっ》す）」という詩をひとつ挙げておこう。

起勤王終勤王　勤王に起り、勤王に終ゆ
実是明治大棟梁　実《まこと》に是《こ》れ明治の大棟梁《だいとうりょう》
創業守成難併得　創業《そうぎょう》と守成《しゅせい》とは併《あわ》せ得難し
唯公兼来賛聖皇　唯だ公のみ、兼ね来たりて聖皇《せいこう》を賛《さん》す
独為西賊久横暴　独り西賊《せいぞく》久しく横暴を為す
知公遺恨裂肝腸　知る、公の遺恨《いこん》、肝腸《かんちょう》を裂《さ》く
嗟呼今日賊勢日退蹙　嗟呼《ああ》、今日賊の勢い、日々退蹙《たいしゅく》す
直至一掃請瞑目　直《ただ》ちに一掃《いっそう》に至《いた》り、瞑目《めいもく》せんことを請《こ》う

明治十（一八七七）年に西南戦争が勃発した際、木戸孝允は、自分こそ西郷隆盛軍の討伐に当たりたいと希望したが叶わなかった。木戸は明治天皇とともに京都に行くが、その途中、大腸癌が肝臓に転移し、まもなく亡くなってしまう。死の二日前に、大久保利通の手を握り「西郷もう大抵にせんか」と明治政府と西郷のことを心配したとされる。

謙澄は、すでに記したように、西南戦争では山縣有朋に従って西郷討伐のため、熊本、鹿児島に向かった。その途中、京都を発った時に詠んだのがこの詩だったのである。

この詩の末には、「予、嘗《かつ》て公の伝を作る。刊して新聞紙に在り。公の一生行状、略備《ほぼそな》わる」と記されている。

謙澄は、木戸孝允の伝記をすでに「東京日日新聞」に連載していた。あるいは、木戸孝允に対して、謙澄は、憧れのようなものを抱いていたのかもしれない。

とんでも本『成吉思汗』

この頃、謙澄はもう一冊まったく別の本も執筆していた。『偉大なる征服者ジンギスカンと日本のヒーロー義経《よしつね》の正体』(The Identity of the Great Conqueror Genghis khan with the Japanese hero Yoshitsune)というタイトルで、源義経がジンギスカンになったという伝説を書いた評論である。

こんな話を誰が信じるのかと思うが、この本は、明治十二(一八七九)年、ロンドン博物館のすぐ近くにあったW.H.and L.Collingridgeから出版された(何月に出版されたのかは原本奥付にはない)。これは、ゼルフィの『歴史科学』と同じ版元である。

さて、本書は、英語版の出版から六年後の明治十八(一八八五)年、東京日本橋の上田屋(栄三郎)から、『義経再興記』の書名で内田弥八(芳渓)の翻訳により出版され、大ベストセラーになる。筆者の知るところでは、なんと八版まで増刷されている。

しかし、ひとつ不思議なのは、この訳本には原著者として末松謙澄の名前が出ていないことである。

石川鴻斎《いしかわこうさい》の序文に「頃者《このごろ》内田芳溪訳述の一英書、名づけて義経再興記、諸書を捜索して博く確拠を援《ひ》き、以て彼の成吉思汗《ジンギスカン》を我が義経と為す」と書かれているものの、どこにも原著者である謙澄の名前は書かれていないのである。

明治十九（一八八六）年には、謙澄は帰国して内務省参事官になっていた。

もしかしたら、こうした地位にある謙澄は、本書に自分の名前が出ることを良しとしなかったのかもしれない。

だが、本書の題字は山岡鉄舟、序に石川鴻斎というのは、謙澄の力によるものであったのは容易に推測できる。謙澄が『明治鉄壁集』を出した時にも、学者・阪谷朗廬《さかたにろうろ》の序文、栗本鋤雲、依田学海の跋文があると既に触れたが、石川鴻斎は、彼らと親交のある著名な漢学者だったからである。

読んでみると、本書は、クレオパトラやクロムウェル、ヨーロッパの歴史、『日本外史』（頼山陽著）、『大日本史』『源平盛衰記』、『東蝦夷夜話』（大内余庵著）のみならず、「英国書籍館に於て発見したる書籍」として『義経蝦夷勲功記』、ロンドン万国電信会議の日本代表者であった芳川顕正《よしかわあきまさ》の説などを引いて、義経と成吉思汗の関係を詳細に描き出している。

中国、清朝の「乾隆《けんりゅう》皇帝が自ら源義経の裔なりと述べしことを再思せざるべからず」など、何に依ったのか分からない説もあるが、何とも壮大な視点から書かれていて、謙澄の自由闊達な精神を見るようである。

しかし、それにしても、『日本外史』『大日本史』『源平盛衰記』、さらに現在稀覯書《きこうしょ》として知られる『東蝦夷夜話』などを、ロンドンにいた謙澄はどこで見ることができたのだろうか。

謙澄は、明治十三（一八八〇）年には日本語で『支那古学略史』、十五年には『支那古文学略史』また、世界初の英語訳『源氏物語』も出版する。

これらを執筆するためには、相当の参考文献が必要だったに違いない。

世界初の『源氏物語』の英訳出版

謙澄は、明治十五（一八八二）年にロンドンの TRÜBNER 社から『源氏物語』の英訳を出版する。原題は"Genji monogatari; : the most celebrated of the classical Japanese romances"という。二十八歳の時である。

版元である TRÜBNER 社は、チャールズ・キーガン＝ポール（一八二八〜一九〇二）が創設した出版社で、一八七三年にはゲーテの『ファウスト』の英訳や、『ウィリアム・ゴッドウィンの晩年に書かれた未刊のエッセイ』などを出版している。一九三〇年に出版された書籍目録によれば、東洋の文学関係書だけで、なんと二千百九十二点の書籍を出版している出版社であった。おそらく、謙澄の『源氏物語』はその先鞭を付けたものと考えられる。

五十四帖のうちはじめの十七帖を訳したもので、明治二十七（一八九四）年には丸善から復刻本が出版された。

さて、本書には「徳川従三位殿に捧げる（オリジナルはTO JUSAMMI TOKOOGAWA）」という序文が付けられ、「一八八一年十一月最も忠実なる僕、末松謙澄　ケンブリッジにて（オリジナルは、Most obedient servant, K. SUYEMATZ. CAMBRIDGE, Nov. 1881）」と記されている。

この徳川従三位とは、国文学者・林望《はやしのぞむ》によって徳川家達《いえさと》（一八六三～一九四〇）であることが明らかにされているが、少しこれについて触れておこう。

徳川家達は、明治十（一八七七）年六月十一日にイギリス留学のため横浜を発ち、同十五（一八八二）年十月十九日に帰国した。

大久保利通《おおくぼとしみち》の次男・牧野伸顕《まきののぶあき》（一八六一～一九四九）は、明治十二（一八七九）年、十九歳の時にイギリス公使館の書記生として赴任するが、この時、家達は十七歳で、「徳川サン」と呼び合うほどの仲だったと記している（牧野伸顕「六十年間の御交際」『斯文』第二十二編第八号）。

謙澄が書記見習として渡英したのは、牧野伸顕より一年早い。

謙澄と牧野伸顕は、後に衆議院でも顔を合わせ、また日露戦争の際には、牧野伸顕はオーストリア公使（兼スイス公使）としてウィーンに駐在するなど、ロビイストとしての活動に際しても、互いにロシア、ヨーロッパ諸国との情報を共有している。

こうした繋がりは、すでに家達がロンドンに留学している時からできていたのであろう。

謙澄は、留学から帰国後、ほとんど家達について触れていない。ただ、樋口雄彦『第十六代徳川家達――その後の徳川家と近代日本』によれば、「家達は、留学時にロンドン・パリで知己になった人々を毎月一回の晩餐に招待するという、『学友会』という名の親睦会をつくっている」として、「会員には、家達の他、徳川昭武（水戸）、徳川義礼《よしあきら》（尾張）、竹村謹吾、山本安三郎、長田銈太郎《おさだけいたろう》、平山成信、三田佶、末松謙澄らがいたようである」という。

家達と謙澄との間には、帰国後もこうした行き来があった。

家達は、育英会や赤十字など、教育文化また社会活動にも熱心で、付き合ったことの誰もが非常に温厚篤実な人と言う。

謙澄の『源氏物語』の英訳出版にも家達のこうした助力があったことは容易に推測できよう。実際、『源氏物語』の出版には、徳川家達が資金を半分出していたことも、明治十六年六月十六日付、伊藤博文宛書簡に記されている。また残りの半分は、TRÜBNER社が出資したとも記されている。

本書の出版は、単に日本の文学作品としての『源氏物語』を英語に翻訳するというだけが目的ではなかった。

日本という、ヨーロッパでは中国の属国程度にしか見られていなかった国に高い文化があることを紹介するものだった。

西部邁《にしべすすむ》と黒鉄《くろがね》ヒロシは対談で、小泉八雲《こいずみやくも》やフランス陸軍士官で幕府軍の軍事顧問であったブリュネなどを挙げて、彼らが日本を「太平洋に浮かぶ美しき真珠の島」と呼んだと言っているが、中国、印度などの原色の世界を経てやってきたヨーロッパ人にとって、日本とは、まったく「美」意識を異にする文化を持つ世界だった。

日本人は、ヨーロッパに追いつくことを目的に走り出すしかなかったのであろうが、謙澄は、ヨーロッパの「近代」を創り出した「リアリズム」の精神を学びながら、同時に日本の文化の真髄が奈辺にあるかを求めることの必要を感じていたのではなかったのだろうか。

真の愛国者、謙澄が生まれたのは、まさにこの海外での「日本文化」との邂逅《かいこう》ではなかったかと思うのである。

謙澄の伊藤博文に宛てた書簡によれば、明治十五（一八八二）年の十一月から売り始めた『源氏物語』の英訳は増刷こそしなかったが、謙澄はこれで四十ポンドの印税を得た。出資者である徳川家達も版元も、それは謙澄の原稿料として収めておくようにとのことだったという。

四十ポンドは、おおよそ現在の三百万円に相当すると考えられる。

日本美術史の先駆的研究書『日本美術全書』

謙澄は、この頃、日本の美術にも開眼している。

もちろん、師・村上仏山のところでも謙澄は、日本画に接してはいた。「文人」と呼ばれる仏山は、当然、絵にも精通する教養をもっていたからである。

また、すでに触れたが、謙澄には、山本芳翠という洋画家の友人もいた。当時、ヨーロッパでは「ジャポニズム」が流行り始めていた。

これは、先にも述べたように、一八六七（慶応三）年にパリで行われたパリ万国博覧会の影響による。葛飾北斎《かつしかほくさい》、歌川国貞《うたがわくにさだ》、落合芳幾《おちあいよしいく》、月岡芳年《つきおかよしとし》などの浮世絵が大量に日本からヨーロッパに送られ、それが印象派などに大きな影響を与えることになる。

そして、パリ万博から十五年が経った頃、ひとつの日本美術品コレクションが大英博物館に三千ポンド（現在の価値にしておよそ三億円）で売却された。

このコレクションは、医師・ウィリアム・アンダーソンが明治六（一八七三）年から明治十三（一八八〇）年の日本滞在中に購入したものであった。

ウィリアム・アンダーソンのコレクションについては、三笠宮彬子《みかさのみやあきこ》女王によって詳しく調査がなされ「大英博物館に所蔵されている日本美術品とその展示に見る英国人の日本美術観の変化について」（博士論文）に詳しく記されている。

それによればコレクションの内容は「狩野派《かのうは》六百七十六点、雪舟《せっしゅう》を含む中国派（支那画）五百十四点、浮世絵三百二十五点、円山《まるやま》・四条派《しじょうは》二百九十一点、大和絵《やまとえ》・土佐派《とさは》二百六十六点、中国絵画百二十九点、仏画百二十九点、琳派《りんぱ》八十点」に上るという。

謙澄における美術分野の研究に造詣の深い植田義浩によれば、謙澄の「英訳源氏物語の『絵《え》合《あわせ》』の巻に描かれた当時の画壇の様子や宮中での絵合わせの描写にアンダーソンが着目し、留学中の謙澄に面会を求めたと推測される」という。

アンダーソンと謙澄との出会いは一八八四年から一八八五年のことで、アンダーソンはその頃、日本美術史の先駆的研究書となる「The Pictorial Arts of Japan」（後に謙澄が日本語訳にする『日本美術全書』）を執筆している最中だった。

謙澄は、このアンダーソンの著作の手伝いをしながら、日本の書画の素晴らしさを再発見することになるのである。

ケンブリッジ大学入学

ところで、『源氏物語』英訳の序文にある「一八八一年十一月ケンブリッジにて

(CAMBRIDGE, Nov. 1881)」からすれば、謙澄はこの年ケンブリッジにいたことが分かる。
小山騰『破天荒〈明治留学生〉列伝』（講談社メチエ）によれば、明治十四（一八八一）年九月一日付伊藤博文宛書簡に謙澄は次のように記しているという。

将又《まさにまた》兼而《かねて》御承知《ごしょうち》之《の》通《とお》り暫時《ざんじ》ケンブリッジに退き度宿志《しゅくし》ありて、過日已《すで》に箕作氏の紹介により来《きた》る十月入方より当分之中倫敦を去り該地《がいち》に赴き候事に先達中より取極《とりき》め置候に付《つき》、暫《しばら》く之間《のあいだ》は無日本人《にほんじんなし》の境《きょう》に逗留致候事《とうりゅういたしそうろうこと》と存候《ぞんじそうろう》。

（まさに、かねてから御承知のように、私は〈ロンドンから〉ケンブリッジに行きたいという思いがありました。先日、箕作氏の紹介で、十月から当分の間ロンドンを去り、ケンブリッジに来ております。先だってより決めました通り、暫くの間、日本人のいないところに逗留することに致します）

小山は言う。「この九月一日付の書簡により、末松がその年の一〇月からケンブリッジに入学することに決まっていたことが判明する。また、末松が移り住む予定のケンブリッジにはその当時日本人はほとんどいなかったのである。実際に末松が『カレッジに所属しない学生(non-collegiate student)』としてケンブリッジに登録したのが明治一四年一〇月のことであった」と。

そうであるとすれば、『源氏物語』の翻訳の序文を書いた時には、謙澄はすでにケンブリッジにいたということになろう。

ただ、すぐにケンブリッジ大学に入学が許されたわけではない。

小山の説を引こう。

謙澄は、明治十五年六月に謙澄は予備試験の第一部、すなわちラテン語とギリシャ語の試験を受け、必死の勉強の甲斐もあり無事合格した。試験の成績については、合格者は第一等級と第二等級に分けられ、謙澄は第二等級であった。予備試験の第一部合格のことを、謙澄はやはり伊藤宛の六月二十六日付の手紙で「先日《せんじつ》之《の》試験《しけん》は無事《ぶじ》及第《きゅうだい》仕《つかまつり》候《そうろう》」と報告している。
翌明治十六（一八八三）年六月に予備試験の第二部である幾何や代数などの試験にも及第し、謙澄はここで晴れて予備試験のすべてに合格したのである。第二部の成績もやはり第二等級であった。以上のように、謙澄は予備試験を通過するのに約一年半かかっている。

謙澄は、日本で専門の教育を受けていたわけではない。しかも英語でこうした科目を受験し、相当の成績を収めなければならなかったことを考えれば、予備試験を通過するのに一年半というのは異例の速さと言っていいのではないだろうか。

いよいよセント・ジョンズ・カレッジに入寮

謙澄は、明治十六（一八八三）年十月、いよいよケンブリッジ大学のセント・ジョンズ・カレッジに入寮する。

ただ、留学の費用は、謙澄は自身で賄《まかな》わなければならなかった。

謙澄は、伊藤博文の承諾を得て、三井物産から三百ポンド（現在の日本円で約三千万円）を借り、またケンブリッジに留学中だった金沢藩主・前田《まえだ》斉泰《なりやす》の十二男・前田利武《としたけ》（一八六四〜一八九二）の家庭教師をして月に十六ポンドを得、これを生活費に当てたという。

こうしたことも、すべて、謙澄は、明治十六年六月十六日付伊藤博文宛書簡で説明している。そうして「左《さ》すれば平常之《へいじょうの》衣食《いしょく》は是《これ》にて充分に御坐候。御安心被下度《ごあんしんくだされたし》」と、ケンブリッジでの生活には経済的困難はないので、ご安心下さいと手紙を結んでいる。

三井から金を借りることができたのは、ロンドンに三井物産の社主・三井高明《みついたかあき》（一八五六〜一九二二）が留学していたからである。三井高明は、明治十一（一八七八）年に、渋沢栄一や益《ます》田孝《だたかし》などと東京株式取引所を創設した人物であるが、福地桜痴とも非常に懇意の間柄で、おそらく謙澄は、福地桜痴から三井高明を紹介されたに違いない。

また、ケンブリッジ大学には、謙澄より先に菊池大麓《きくちだいろく》（一八五五〜一九一七）がセント・ジョンズ・カレッジで数学と物理学を学び、日本人として初めてケンブリッジ大学を卒業していた。

菊池はその後、東京帝国大学総長、京都帝国大学総長、帝国学士院長などを歴任するが、謙澄がセント・ジョンズ・カレッジに入学できたのは、菊池の存在に負うことも大であったと思われる。

謙澄の講演「日本政府の政略を論ず」

さて、謙澄はケンブリッジ大学で学びながら、しばしば講演も行った。

たとえば、明治十四（一八八一）年四月二十三日にロンドンのホテルで行われた自由研究会（Liberal Society）での演目は、「日本政府の政略を論ず」というものであった。

これは、日本人を集めて行った講演会で、基本的に英語でスピーチを行い英語で討論を行うというものである。こうした講演は、英語力を向上させると同時に、客観的に日本の在り方を見る力を互いに養おうという目的でしばしば開催されていた。

もちろん、中には中国、日本の状況を知ろうとするイギリス人などもいたに違いなかった。

謙澄は、すでにこうした講演を行うことに慣れてはいただろうが、この日はかなりの息の強さで日本政府のやり方を批判した。

たとえば、講演の冒頭に、「今政府は維新二三強藩士人の聯合《れんごう》より組織する所にして」など、初めから政府の批判をする言葉が見える。

伊藤博文の庇護下にいるからこそ、イギリスに来てこうしてケンブリッジ大学で勉強できるのではないのかと言われるかもしれないが、それはそれとして、謙澄はこの講演で、「藩」という意識を捨てて新しい「日本」を創る必要、つまりイギリスにならって「議会」を創設すべきだと主張した。

続けて、謙澄は、政府の財政困難の現状を徹底的に批判する。

具体的には、「試《こころみ》に最近の事例を挙げんに我政府は嚮《さ》きに横浜正金銀行を保護するに資本三分の一を以てし、今復《ま》た之に与うるに三百万円を以てし、之をして支店を亜細亜《アジア》、亜米利加《アメリカ》、欧羅巴《ヨーロッパ》の三洲に開かしむ。蓋《けだ》し政府は政府の見る所ありて此の特別の保護を必要なりと信ずべしと雖《いえど》も謙澄は則《すなわ》ち否《しか》らず」という。

横浜正金銀行は、外国為替システムを現在のように電子上で行うことがまだできなかった時代、正金《しょうきん》（現金）での貿易決済を行うために、明治十三（一八八〇）年に開設された銀行だった。

横浜正金銀行の設立には、丸屋商社（現・丸善雄松堂）の元社長で第八国立銀行（愛知県豊橋市で設立された旧愛知銀行）の設立にも関わった中村道太《なかむらみちた》（一八三六〜一九二一）を初代頭取として、福澤諭吉や井上馨も加わっていた。

謙澄がいう「三百万円」はその資本金である。

百万円が大蔵省からの銀貨、福澤、井上他、横浜と東京近郊の貿易商人等による出資が二百万円（内訳は銀貨四十万円、紙幣百六十万円）だった。

銀行設立資金の三分の二が民間人によるものにも拘わらず、政府は管理官というものを設置して、横浜正金銀行の経営規則に厳しい制限を求めたのだった。

不平等条約下での外国為替商権の回復には、当然、政府の後ろ盾による銀行の信頼が必要であり、そうした点での政府の介入も分からないわけではないが、謙澄はさらに全国に出資者を求めた上での「正金銀行」の設立が望ましいと考えたようである。

謙澄を苦しめた不平等条約

謙澄は、さらに、当時最も大きな問題であった不平等条約改正の件についても論じている。

　条約改正の企《くわだて》ありしより業已《ぎょうすで》に十一年の久しきに及べり。而《しか》れとも今猶《いまなお》未だ其の成功の何日《いつ》に在るを知る可《べ》からず。彼の明治四年条約改正要求特派の大使、副使の同行百有余人を従え百万有余の大金を費し各国を巡歴し空手にして帰朝せしは能く四方に使する者と云う可らずと雖も謙澄は姑《しばら》く之を痛論《つうろん》せず。其後政府は荏苒《じんぜん》推移し一《いつ》も得る所なく、而して国民に向《むか》っては改正の障礙《しょうがい》は独り外国政府より来る者の如くに想像せしめ、以て明治十年、十一年の交《まじわり》に至り而《しか》して後ち始て稍々《しょうしょう》改正要求の条目を定めたり。蓋《けだ》し此時に方ては政府は其の嘗《かつ》て最も肝要と主張したる治外法権論をば殆《ほと》んど之を要求外に擲《なげう》ち、当時我政府が外国政府に談判せし所は殆んど海関税権専握《せんあく》の一項に止まりたり。

「不平等条約」とは、言うまでもない、安政五（一八五八）年に江戸幕府がアメリカ合衆国、ロシア、オランダ、イギリス、フランスと結んだいわゆる「安政五か国条約」をいう。問題となっていたのは、主に外国に領事裁判権を認める治外法権、日本に関税自主権を認めず外国との協定税率にしばられること、片務的最恵国待遇《へんむてきさいけいこくたいぐう》（ロシアを除く）の三点である。

我が国は、日清戦争の直前（一八九四年）に「領事裁判権」と「片務的最恵国待遇」を撤廃、日露戦争の勝利（一九一一年）によって関税自主権の回復を行うが、それまでは海外で苦学を迫られる謙澄などにとって、不平等条約はいかんともし難い不満であった。

さて、「明治四年条約改正要求特派」とは、右大臣・岩倉具視《いわくらともみ》を全権大使として、大久保利通、木戸孝允、伊藤博文、山口尚芳《やまぐちますか》を副使とした「遣外使節団」をいう。

また「明治十年、十一年の交」とは、井上馨外務卿が責任者となって行った交渉で、関税自主権の一部回復には成功したものの、謙澄が言うように治外法権についての撤廃を要求しながら、外国人判事任用などが認められたりする結果になっていた。

コレラ菌検疫拒否事件

不平等条約といえば、当時ロンドンにいた謙澄にとっても、明治十二（一八七九）年にドイツ帝国との間で起こったヘスペリア号事件は、記憶に新しかったに違いない。ヘスペリア号事件とは、イギリス、フランスなどとも関わるコレラをめぐる問題である。

幕末から、我が国には度々コレラが流行した。「コレラ」は、「虎列刺」「虎狼狸」などという当て字がされたが、罹患した人は、あっという間に死んでいったことから「コロリ」とも呼ばれた。

さて、明治十二（一八七九）年夏、清朝で始まったコレラの流行は瞬く間に長崎、神戸へと感染が拡大して続々と死者を出していた。

我が国では、すでに前年の明治十一（一八七八）年八月に、検疫規則を作り、外国からの船舶については「検疫停泊仮規則」を制定して、検疫の実施を各国公使に通達していた。しかし、イギリス、フランス、ドイツは、これに対して規則の不備と治外法権を主張し、これに従う必要なしと主張した。

そんななか、ドイツ帝国から来航したヘスペリア号は、七月十一日神奈川県長浦港（現・横須賀市）でのコレラ菌検疫を拒否したのである。

患者は全国で十六万二千人、死者は一八七九年だけで十万五千人に上っていたが、当時の駐日ドイツ弁理公使フォン・アイゼンデッヘルは、公使館付一等軍医グッヒョウをヘスペリア号に派遣して検疫を行い、罹患の怖れなしとして横浜港に入港した。外務卿・寺島宗則《てらしまむねのり》は、これを日本の行政権の重大なる侵害として、ドイツ帝国政府に抗議を行ったが、ドイツ帝国は、かえって領事裁判権が日本にないことを理由に不問に付すよう要求したのである。

この事件は、日本国民が、政府に対して早期に治外法権撤廃の要求をする動きとなった。謙澄も、こうしたことを踏まえて、この講演で日本政府への批判を行ったのであろう。

「文を取らん歟、武を取らん歟」

さて、明治十六（一八八三）年十一月、謙澄は『希臘古代理学一斑《ギリシャこだいりがくいっぱん》』という本を出版する。すでに触れたように、謙澄は、明治十三年に『支那古学略史』、十五年には『支那古文学略史』と『源氏物語』の英訳を出版していた。

『希臘古代理学一斑』は、巻頭に、「明治十五年十月七日在英日本学生会に於て」と記されているように、講演を原稿にしたものである。

謙澄の自費出版であった。

「理学」とは、今の「哲学」のことである。

謙澄はこの書で、ギリシャ哲学を古代中国の『論語《ろんご》』はもちろん『老子《ろうし》』『荘子《そうし》』、公孫龍《こうそんりゅう》の堅白同異論《けんぱくどういろん》、陰陽説などと比較しながら、タレス（前六二四頃〜前五四六頃）からプラトン、アリストテレスまでを簡潔に紹介した上で、最後に「若《も》し希臘に此人（タレス、プラトン、アリストテレスを指す）アラザラシメバ今日の西洋は未だ其の何地に在るを知る可かざるなりと。嗟乎《ああ》、文武の業共《とも》に大《だい》なり。文を取らん歟《か》、武を取らん歟。願《ねが》くば諸君ノ選を聞かん」と記している。

ギリシャ哲学は謙澄の専門ではないし、ギリシャ哲学を専門に研究したいと思うものも日本にはまだ少なかった。

しかし、謙澄としては、この講演の末尾に記される「文を取らん歟《か》、武を取らん歟」という言葉をどうしても言いたかったに違いない。

「武」で西洋を攻めても勝つことはできない。だとすれば文化の力によって、我が国は自国を守り続ける他ない。そのためには、日本が古く古代中国の思想を学んだように、ギリシャから始まる西洋の思想にも目を向ける必要があると言いたかったのであろう。

本書の巻頭には「汝之出世吾願其售且使買者得失相償」と記されている。これは「汝の出世は吾が願なり。其の售《う》り、且つ買わしむるの得失は、相い償《つぐな》う」と読む。すなわち、「あなた方、読者の出世こそ、私の願いなのである。本書の売買で損をしたら、それは私が償います」という意味である。

謙澄は、我が国の文化的水準を上げることによって、不平等条約の撤廃はもとより国際間における日本の地位の確立を目指そうとしたのである。

ケンブリッジ大学卒業と帰国

さて、謙澄は、明治十七（一八八四）年九月十九日付伊藤博文宛書簡に「去る六月中大学も卒業致し候」と記す。

謙澄は、三十歳になっていた。

この頃から日本への帰国を促す話が持ち上がったようであるが、卒業から約一年半後の明治十九（一八八六）年三月、謙澄は八年の留学を経て祖国に戻って来る。

八年間に謙澄が得たものは、もとよりケンブリッジ大学から得た学位だけではなかった。ヨーロッパ各地を訪問し、歴史学、古典学、哲学など広く深い視点から祖国を見直し、それをさらに発展させるための力を蓄えること、またその方法であった。

政治経済はもちろん、文化芸術の分野においても、謙澄は、遠くヨーロッパから我が国を見る力を養った。

こうして、三十二歳になった謙澄は、文部省参事官という肩書で政府に採用され帰国を命ぜられることになる。

伊藤博文の采配によることは言うまでもない。

我が国は、これから大日本帝国憲法の発布、日清戦争、日露戦争と大きな試練を受けていくことになる。

第三章　「改良」運動と日清戦争

明治27（1894）年　40歳

鹿鳴館時代の日本の情勢

謙澄は在英八年を経て、帰国した時には三十二歳になっていた。

謙澄が留守にしていた明治十一（一八七八）年から明治十九（一八八六）年までの八年間に、日本は大きく変化していた。

銀座に電気の灯火が点るようになったのは、明治十五（一八八二）年十一月一日のことだった。銀座を通る人たちは、ガス灯と異なるあまりの明るさに、びっくりしたと言われている。

また、明治十六（一八八三）年には、井上馨外務卿によって麹町区内山下町薩摩藩邸跡地（現・千代田区内幸町一―一）に鹿鳴館《ろくめいかん》が建てられ、盛んに欧化政策が取られていた。

鉄道網が北海道や関西、九州でも日に日に延び、また、教育、経済、軍事の面でも、近代化に向けて大きな進展を見せていた。

そうした発展の原動力は、何よりもまず、明治十四（一八八一）年十月十二日に九年後の明治二十三（一八九〇）年の国会開設が約束され、議会開催に向けて動き始めていたことだろう。

謙澄はこの、早期国会開設をめぐる「明治十四年の政変」と呼ばれる井上毅《いのうえこわし》による大隈重信追放のクーデターから遠く離れてイギリスにいた。

もし、官僚としてこの政変に巻き込まれていたら、謙澄の一生は大きく変わっていたに違いない。

遠く、イギリスから日本の近代化を感じながら、謙澄はさらに大きく歴史の歯車を廻す、より根元的な仕掛けを作る必要があると感じていたのだった。

江戸時代の文化を「猥褻野卑」とする考え

さて、謙澄が帰国してまもなくの明治二十（一八八七）年頃から、我が国では江戸時代の文化を「猥褻野卑《わいせつやひ》」とする考えが起こってくる。

すでに明治四（一八七一）年には、断髪を奨励する散髪令《さんぱつれい》が出され、「ジャンギリ頭をたたいて見れば、文明開化《ぶんめいかいか》の音がする」という歌が流行し、また明治九（一八七六）年公布の廃刀令《はいとうれい》によって刀を持って歩く人もいなくなっていたが、明治十年代頃まではまだ江戸時代に文化の隆盛を見た文化《ぶんか》・文政《ぶんせい》（一八〇四〜一八三〇）年頃に生まれた、江戸の雰囲気から脱することができない人も少なくなかった。

しかし、明治も二十年代に入ると、西洋化政策は本格的になり、江戸時代までの文化を完全に否定しようとする動きが起こってくる。

「鹿鳴館時代」とは、明治十六年の鹿鳴館落成《らくせい》から明治二十年頃までを指すが、明治十七（一八八四）年に始まった戸山学校競馬（現・早稲田大学理工学部キャンパス、戸山公園南側のあたり）、明治十四（一八八一）年の内国勧業博覧会などの延長線上に作られた、我が国の近代化運動であった。

明治十七（一八八四）年に華族令《かぞくれい》が布《し》かれ、それまでの公家や大名など以外にも、国家に勲功のあった政治家、軍人、官吏、実業家に「公《こう》・侯《こう》・伯《はく》・子《し》・男《だん》」の爵位が与えられて華族に加えられることになり、「上流社会」が形成されていく時代に当たる。

女性たちは、洋装に身を包んで「レディー」と呼ばれるようになり、舞踏、唱歌、楽器の演奏、流行語を使ってのしゃれた会話、流行小説の読書がたしなみとされた。

最も大きな問題は「日本語」

ところで、平安時代以来京都にあった天皇の居を東京に移し、長州、薩摩の出身者が政治の中枢を担い、天皇を中心とした中央集権化を進めて行く中で、最も大きな問題は、「日本語」であった。

江戸時代は、方言があることによって藩同士の連携、とくに外様大名同士の関係が築かれにくく、それによって幕藩体制が強化されてきたが、天皇を国家元首として頂く国民国家に変わると、すべての人が理解できる共通言語としての「日本語」が必要になっていた。

地方ごとの方言以外にも、武士の言葉と、農民や町人が使う言葉は、通じ合うものではなかった。これは、古典落語「妾馬《めかうま》（八五郎出世）」などにもうまく描かれている。

殿様が「即答をぶて」と言うと、八五郎はそばにいる家老の三太夫の横っ面を「打《ぶ》つ」、殿様が「ささをたべるか？」と訊くと「馬じゃあねえからね。いくら食らい意地が張ったって、笹《ささ》っ葉《ぱ》ァ食《く》いませんや」と答える。「ささ」は、大名言葉で「酒」を言う。

方言と言っても、地理的な方言と、身分の上での方言など、明治後半になるくらいまで、現代の我々には考えられないほどの言語の違いがあったのである。

明治政府は、地方方言と同時に、士農工商という階級の違いによる階級方言も解消し、統一した日本語を作る必要に迫られていた。

これが幕末から起こって来る「言文一致運動」と呼ばれるものである。

日常生活で必要な漢字の数はどれくらいか。

話している通りに日本語を書き写すことはできるのか。

こうした課題を解消するためにも、日本人が日本語を話すときに使う「音素《おんそ》」がいくつあるのかなど、基本的なことを知る必要があった。

しかし、〈ひらがな〉や〈カタカナ〉ではそれをうまく視覚化することはできなかった。日本語にも精通した外交官・アーネスト・サトウや言語学者バジル・ホール・チェンバレンなどの研究、そしてアメリカ合衆国から輸入された速記という技術などによって、日本語の発音は可視化され、五十音図による発音の矯正が行われるようになって来る。

謙澄が帰国した明治十九（一八八六）年、チェンバレンは東京帝国大学の博言学（現在の言語学）専門の外国人教師として、アイヌ語や琉球語を研究の対象として、日本語との言語学的関係などについて後世に残る業績を上げていた。

演劇改良運動の壮大な目的

さて、謙澄はケンブリッジ大学で言語学を修めたわけではなかったが、自分が使う日本語や英語に対する意識は敏感だったのではないだろうか。

出身地・小倉藩の言葉は、北九州の方言とも違うし、伊藤博文が使う長州藩士たちの方言とも異なる。

また、謙澄は、初めに高橋是清から英語を習ったが、高橋是清が話すカリフォルニア州の英語と留学先で習ったケンブリッジの言葉とは大きな違いがあった。

もし、帰国後、教育行政を専門に担当していたとしたら、謙澄は言文一致運動に身を投じていたかもしれない。

しかし、謙澄に与えられたのは内務省参事官という地位であった。

もちろん、当時の内務省は教育行政も管轄していたが、謙澄はこうした個別の行政よりむしろさらに中枢の、首相伊藤博文（第一次伊藤内閣）、山縣有朋内務大臣の下で重要事項の企画及び立案に参画していた。

ここで謙澄が考えたのは、言文一致運動をも包括して、我が国の演劇を根本から改良しようというものだった。

これは、謙澄がイギリスにいた時代から考えていたことだった。

すでに第二章で触れたが、謙澄は、しばしば劇場に足を運び、演劇に親しんだ。

しかし、謙澄にとって演劇鑑賞は趣味や娯楽としてのものではなかった。舞台で話される英語はだれにでも分かるものであり、また役者の身振り手振りは日常生活でも使われるもので、外交交渉の際のプレゼンテーションなどでも重要なファクターだったのだ。

鹿鳴館時代を迎え、外交、学術などに世界から注目を受けるようになった日本で、自分がロンドンで観たような、外国人の鑑賞にも耐えうる日本の演劇があるかと自問すると、そうしたものがないことに謙澄は落胆を抱いたに違いなかった。

もちろん外国人のためだけではなく、国民が分かりやすい日本語で演じられる演劇を観、それに影響を受けて近代の精神を育成することになればいい。

そのためには、台本は分かりやすい言文一致体で書かれなければならない、これは日本語の改良にも繋がる。

また、イギリスにあるような近代的な劇場を創る必要もある。こうしたものを創ることによって伝統的な歌舞伎とは異なる「演劇」であることを知らしめなければならない。

さらには、演劇の内容を、尊皇《そんのう》と国威高揚《こくいこうよう》と国民の一致団結になるようなものにしなければならない。

謙澄は、こうした壮大な目的をもって、明治十九（一八八六）年の帰国後まもなく、伊藤博文、西園寺公望《さいおんじきんもち》、井上馨、財界の渋沢栄一、三井高明に加え、学術言論界から外山正一《とやままさかず》、福地桜痴、依田学海などに参加を依頼し「演劇改良会」を設立したのだった。

渋沢栄一や大倉喜八郎《おおくらきはちろう》らによって我が国初の西洋式演劇の劇場である帝国劇場が造られるのは、明治四十四（一九一一）年を待たなければならないが、これも謙澄の「演劇改良会」発足を起点とするものだった。

「貴人紳士の見物すべき芝居」

さて、寛永六（一六二九）年以来、我が国では女性が公的な舞台に立つことは禁じられていた。今なお、歌舞伎で男が女形として役を演じるのは、この伝統のためである。

しかし、謙澄はもちろん、海外の事情をよく知る渋沢栄一や外山正一など「演劇改良会」に賛同した人たちは、江戸時代の慣習をそのまま引き継ぐことに疑問を感じていた。

ところで、当時の劇場の状態を書いた記事があるので紹介しよう。

> 酒もこぼせば、食物もこぼし、茶屋の若い者を始め幾百人とも知れぬ人が毎日ハダシであるきまわり、木地の所は真っ黒になり、食事の最中といえどもその上をカラスネの男女が股まで出してバサバサとあるき、あるいは大股にまたぎ行く如きは不潔極まる垢の分子が空中に散乱して精血を清むべき大切なる空気を汚し、弁当の中にも盃の中にも西洋料理の胡椒の如くにスネの垢やモモの垢が飛び込む日本芝居はこれぞ不潔の隊長芝居。尻まではしょれる若い者が、きりなく見物の頭の上をあるきまわる如き習慣は貴人紳士の見物すべき芝居には甚だ不適当なるものなり。今日に在ては如何なる身分の人でも土間にて芝居見物を為さむには日に何たび茶屋の若い者の股をくぐらせらるるかも知れず、実に言語同断の至りなり。
>
> （外山正一「演劇改良論私考」『明治文学全集79　明治芸術・文学論集』筑摩書房）

外山は、具体的にこれがどこの劇場の様子かを具体的には挙げていないが、猿若町（現・台東区浅草六丁目）の江戸三座（市村座、中村座、森田座）と呼ばれた芝居小屋は、どこも同様に、「貴人紳士の見物すべき芝居」ではなかった。

江戸時代の浮世絵に歌舞伎の桟敷《さじき》を描いたものがあるが、今なら一等席である舞台の正面は、土間の桟敷で、みんながそこで酒を飲んだり食事をしたりしている。外山が書くように、この桟敷には頼めば、尻まで着物をまくったまかないの男女がお茶や酒を、客の頭、食べ物などをまたいで届けるようなことが行われていた。

江戸時代の人々の歌舞伎の楽しみ方は、今日、我々が観劇に行くのとはまったく異なっていたのだ。

もちろん、芝居そのものを楽しむ人もいたが、ほとんどは宴会の余興のようなものとして歌舞伎を楽しんでいた。時に眉目秀麗な役者が舞台に出れば、黄色い声も上げたくなるし、ブロマイドのような役者絵があればそれを買いたくもなる。

こんな状況で行われる「芝居」を貴人紳士も観ることができる「演劇」に「改良」するためにはどうすればいいか。

謙澄の「演劇改良意見」

江戸時代の人々の間で歌舞伎以上に普及していた楽しみは寄席《よせ》であった。

それは明治になっても変わらず、たとえば明治四十（一九〇七）年の『東京案内』には、東京にある寄席の数は百四十一軒と記されている。夏目漱石が正岡子規《まさおかしき》と仲良くなったのも、きっかけは落語の話であった。漱石は子どもの頃から、早稲田の近くにあった寄席や神楽坂の寄席によく落語を聞きにいっていた。

ただ、年々、寄席は少なくなっていったようである。

この寄席の数に対して、劇場の数は、数える程しかない。同じく『東京案内』に挙げられている劇場は、八つだけである。

歌舞伎座、東京座、本郷座、真砂《まさご》座、常盤《ときわ》座（明治座）、市村座、新富《しんとみ》座、宮古座とあるが、江戸時代後期、天保十三（一八四二）年までに、古くからあった猿若座（旧・禰宜町――後堺町）、市村座（下谷二長町）、森田座（木挽町）の三座は浅草に集められ、明治五年に守田座（旧森田座）が新富町に移転したばかりであった。ちなみに、今の歌舞伎座（中央区銀座四丁目）は、明治二十二（一八八九）年に福地桜痴と金融業を営む千葉勝五郎《ちばかつごろう》（通称・千葉勝）が建てて以降、この地にあるが、この「歌舞伎座」という名称は、じつは、「演劇改良」の結果として、「卑賤《ひせん》視《し》されていた小芝居の対極にある権威ある大芝居の劇場」（今尾哲也『歌舞伎の歴史』二〇〇〇年三月、岩波新書）、つまり伝統的な歌舞伎をそのまま残すことを目的に作られたものだった。

謙澄は言う。

演劇改良を要する理由は精《くわ》しく申すには及ばず、先ず我東京は、輦轂《れんこく》の下に在る日本第一の都会にして、諸般の事物悉《ことごと》く其面目《めんもく》を改ため旧新交代の此節柄、独り演劇のみ矢張り昔し通りと云う次第では仕方がありません、それのみならず、我邦の人士中にて中等以上の人には真に其耳目を娯《たの》しましめ且《か》つその精神をなぐさむるに足るべき者とては一つもございません。下等社会と雖《いえ》ども、恐くは左様でありましょう。独り演劇と云うものあれども是とても中等社会以上の人より看れば、今の日本芝居は、満足はせねども、仕方なく見て居る有様。殊に雲の上つ人に至っては、頭から芝居見物は出来ず、是れさえも衆と共に楽しむの意にも戻《もと》り、人民のみが楽《たのし》むでは、吾々人民の得手勝手《えてかって》であるとも申すべし。

（末松謙澄「演劇改良意見」『明治文学全集79　明治芸術・文学論集』筑摩書房）

東京は、日本第一の都市である。明治維新以来これまで様々なものが新旧交代して生まれて来たが、演劇だけは旧態のままである。中流階級以上の人たちが、娯楽の対象として見るような演劇はまったくない。ましてや、天皇や皇族たちが芝居を観るということは決してない。国民が楽しむだけではなく皇族などにも楽しんでもらえるような演劇を作る必要があると謙澄は言うのである。

歌舞伎はおもしろいか

伝統的な演技、演出によって上演されるいわゆる「歌舞伎」は、二〇〇八年九月にユネスコの無形文化遺産に選ばれた。

『義経千本桜』『平家女護島』『心中天網島』『青砥稿花紅彩画』『仮名手本忠臣蔵』などの古典

的な演目を楽しむために、あるいは市川猿之助《いちかわえんのすけ》、中村勘九郎《なかむらかんくろう》、坂東玉三郎《ばんどうたまさぶろう》、尾上菊五郎《おのえきくごろう》、片岡仁左衛門《かたおかにざえもん》などの役者を観に歌舞伎に行くという人もあるだろう。

「江戸から戻ってきた人」（『文芸別冊』河出書房新社『杉浦日向子』）として江戸時代の人々のおもしろさを伝えた杉浦日向子《すぎうらひなこ》は、次のように書いている。

「歌舞伎に関しても、演劇という枠に入りきらない部分がたいへんありまして、たとえば脚本一つをとってみても辻つまの合わない話ばかりなのです。歌舞伎の粗筋《あらすじ》ほど珍奇なものはないと思います。辻つまが合わないままに物語が進行して、何だかわからないままに最後には大団円《だいだんえん》があって、やれめでたしで終わってしまうんです。

この辺が、現代の新劇のようなものと全く違う、対照的なものだと思います。あちらは一から十まで、もっともらしい筋立てがあり、順を追って構成され、建築物のようなたしかさがあります。当時の歌舞伎というのは、ぐちゃぐちゃのまま、パッと積み上げたという何か面白い形です」（杉浦日向子『江戸へようこそ』ちくま文庫）

謙澄も、歌舞伎を観に行くことはあっただろう。

しかし、劇場は不潔で、話の筋も「何だかわからないまま」ということであれば、心から楽しむというものではなかったのではないだろうか。

謙澄が考える劇場

明治十九（一八八六）年十月八日付「大阪朝日新聞」は、謙澄の「演劇改良会」の構想を次のように紹介している。

去三日《さるみっか》高等第一中学校（神田一ツ橋外）の講義室に於て、演劇改良会発起者中に、此人ありと知られたる末松謙澄氏が、該会発起者にて議了したる目的を演説せし大意を略記せば、演劇場は、楕円形の三層楼にし桟敷は一室一席毎に空気の流通をなす為に箱窓を穿《うが》ち、土間はすべて椅子となし、花道輪舞台等は大に改正を加え、場の周囲には庭園を設けて運動場となし、新富座すら二千人這入れば満員なるが、之を三千人も容るべき家屋に構造し、狂言の仕組は書生及び有力諸氏より筋書を寄送したる同場の学術委員が之を検査し簡択して、狂言を興行し、その報酬には興行中の純益金の幾分を贈る事、又当分の所は忠臣蔵等を少し改良し、今の俳優に演ぜしめ、追々に女の女形を設くる事等精細綿密に演べられたり。傍聴人は大学の書生が多かりしが、その中に市川團十郎《いちかわだんじゅうろう》などをも見うけたり。

これによれば、謙澄が考える劇場は、楕円形で三階建て、桟敷は一席ごとに間隔を開けて、換気が十分にできるようにする。全席を椅子にし、三千人収容できるほどの規模にする。

演劇の台本は学生や、著名な文学者たちから送ってもらいこれを我々が検査するようにする。当面は『忠臣蔵』等の古典を改良しながら、女優も育てよう、というのである。

この講演を聴いた人の中には、市川團十郎もいたという。

興味深いのは、この記事のすぐ後に「▲東京一昨三日の虎列拉《コレラ》新患者は五十八人。内死亡二十人、旧死亡三十三人なり」と記されていることである。

椅子を使って観客を座らせ、換気のための窓を作るというのは、単にイギリスの劇場を真似るというだけではなく、感染症の予防対策でもあったのだろう。

大塩実伝——人を助ける忠臣を描くことの意味

謙澄は、皇族も含めてすべての国民、外国人が観て楽しむことができる演劇を創り出そうと考えていた。

そのためには、多くの人の心に訴えかける人物を主人公にした話を作らなければならない。

謙澄が選んだのは、江戸幕府の圧政下、民を救うために立ち上がった大塩平八郎であった。

大塩平八郎は、天保四（一八三三）年から天保七（一八三六）年に全国を襲った未曽有の飢饉の際、豪商と結託して民の救済を考えない幕府に対し、蔵書を売るなど私財を抛《なげう》って民を助けようとする。しかし、そんなことでは奥羽《おうう》で十万人以上の餓死者を出すほどの経済的困難から脱することができるはずもない。大塩平八郎は、大坂の奉行所の無策に憤り、朝廷への忠心を訴え、ついに乱を起こすのである。

謙澄は、大塩平八郎こそ、全国民の思いを代弁するヒーローとしてもっともふさわしい人物だと考えたのだった。

明治十九（一八八六）年九月十四日付「大阪朝日新聞」は次のように記している。

「劇場通信　彼《かの》東京にて目今《もっこん》行わるる演劇改良会は主任者末松謙澄《すえまつのりずみ》氏帰京の上ならでは充分の運びに至らずという。又新富座当秋季の興行は福地依田の両氏の作になる大塩実伝を演じ、俳優は團十郎左團次小團次源之助海老蔵訥子《とっし》秀調《しゅうちょう》菊五郎（此両優は一幕限り）等の一座……（後略）」

台本は、謙澄がよく知る福地桜痴と依田学海である。二人は当時、名文家として有名だった。福地桜痴と依田学海が書いた脚本がどのようなものであったかは残念ながら不明であるが、同年一月には栄泉社（京橋区三十間堀二丁目一番地・山内文三郎）から『（今古実録）大塩平八郎伝記』（別名『天満水滸伝』）が出版されていた。

ここには、大塩平八郎が乱を起こす直前に書いた檄文《げきぶん》が引かれている。

これも、当時、よく知られた名文だった。

依田学海や福地桜痴、謙澄がこの勤王《きんのう》の士《し》が書いた名文を芝居で使わなかったはずがない。

四海《しかい》困窮せば、天禄永絶《てんろくながくた》えん、小人《しょうじん》に国家を治《おさめ》しめば、災害並到《ならびいた》ると、昔の聖人深く天下後世の、人の君、人の臣たる者を誡《いさ》め被置候故《おかれそうろうゆえ》、東照神君《とうしょうしんくん》も、鰥寡孤独《かんかこどく》において尤《もっとも》憐《あわれみ》を加え候ば　仁政《じんせい》の基《もと》と被仰候《おおせられそうらい》し、然《しか》る処、此二百四五十年、大平の間に追々上《おいおいかみ》たる人、驕奢《きょうしゃ》……公《おおやけ》に授受《きょうじゅ》して、贈貰《まいないもら》い致し、奥向《おくむき》女中の因縁を以道徳仁義もなき拙《つたな》き自分として、立身重き役に歴上《へのぼ》り、一人一家を肥《こや》し候工夫のみに心運《しんうん》し、其領分《そのりょうぶん》知行《ちぎょう》の民百《ひゃく》姓《せい》共に、過分《かぶん》の入用金申附《いりようきんもうしつけ》、是迄年貢諸役《これまでねんぐしょえき》に甚　敷苦《はなはだしくくるし》む上、右の通無体《むたいなき》の儀申　渡《ぎもうしわたし》、追々《おいおい》入用かさみ候故、四海困窮に相成　候《あいなりそうろう》。

（この世の中が困窮してしまえば、天から給わる福禄もきっと絶えてしまうことになろう。

徳のない者に国政をまかせてしまうと災害がどんどん起こることを、昔、聖人は深く天下の後世の人君となる者、人臣たるものを戒められた。徳川家康もまた、夫を喪った女、妻を喪った男、孤児などにもっとも憐れみを感じることが仁政の基本と言ったのだった。しかし、この二百四五十年、泰平の世が続くうちに、身分の高い人たちは驕り高ぶり、贈賄に明け暮れ、大奥の女たちと通じて、道徳も仁義もないにもかかわらず、立身出世、上役になっては自分の家だけを肥やす工夫にのみ心を尽くし、その領地内の民、百姓に過去に遡って年貢の金を要求するに至る。これまでもすでに年貢を納めるのに苦労した人々に、

さらにこれを求めるなど、この世の困窮となったのである）

これは、「演劇」の中にも、民衆の心を天皇に向ける志向を取り入れようとするものであったと考えられる。

自由民権運動から始まった演劇

当時の演劇史については、川島順平『日本演劇百年のあゆみ　その特質と問題点』に詳しいが、これによれば、明治二十一（一八八八）年十二月、角藤定憲《すどうさだのり》（一八六七〜一九〇七）が、大阪で「大日本壮士《そうし》改良演劇会」を創始して壮士芝居を起こしたことによって、いわゆる「新派」と呼ばれる演劇が始まったとされる。

「壮士芝居」とは、自由民権運動の活動家などが思想宣伝を目的として行った寸劇である。

その後、明治二十四（一八九一）年三月に川上音二郎《かわかみおとじろう》の「書生芝居」が堺（現・大阪府堺市）で、十一月には伊井蓉峰《いいようほう》の「男女合同改良演劇」が浅草で旗揚げされ、さらに明治二十九（一八九六）年九月には、喜多村緑郎《きたむらろくろう》らが「成美団《せいびだん》」を大阪で結成して、尾崎紅葉《おざきこうよう》の『金色夜叉《こんじきやしゃ》』、徳冨蘆花《とくとみろか》の『不如帰《ほととぎす》』、泉鏡花《いずみきょうか》の『滝の白糸』などを上演することになる。

川上音二郎が行った「書生芝居」も、「壮士芝居」とほとんど同じで、自由民権思想を民衆に訴えるために興した新しい演劇であった。

明治末年になると坪内逍遥《つぼうちしょうよう》の「文芸協会」や、そこから離脱して作られた島村抱月《しまむらほうげつ》と松井《まつい》須磨子《すまこ》の「芸術座」、さらに小山内薫《おさないかおる》と二代目市川左團次による「自由劇場」などへと発展していくことになる。

こうした一連の演劇発展の起点となったのが、謙澄の「演劇改良運動」だったのである。

天覧歌舞伎の成功

さて、謙澄による「演劇改良会」の講演から半年後の明治二十（一八八七）年四月二十六日、井上馨は明治天皇を自宅に招いて「天覧歌舞伎」を主催した。

もちろん、謙澄や伊藤博文、福地桜痴など「演劇改良会」のメンバーによる企画である。

「読売新聞」は、この時のことを「井上邸演劇の概況」として次のように伝える。


一昨日麻布鳥居坂上《とりいざかうえ》なる井上伯の邸にて催されたる演劇の模様と聞くに、同邸にては前日より其支度に取掛り、充分に調いしにつき、当日は早朝より門の左右及び真向なる東洋英和学校へ掛て紅提灯を掲連《かけつら》ね、門には二旒《にりゅう》の国旗を掲げ、聖上の行幸を待受られぬ。さて当日大臣の召《めす》に応じ、午前十時先ず市川團十郎が守田勘弥《もりたかんや》と同道にて参邸し、舞台を点検し、次に同邸の門に沿たる表長屋を楽屋休息所等に借用する事に取極め、彼是《あれこれ》するうちおいおい他の俳優囃方等より参邸し、休息所に扣《ひか》え居るうち、聖上《せいじょう》には午後一時三十分の御出門同二時過に御着邸在《あら》せられたれば、頓《やが》て午後三時より予《かね》て定めたる演劇を始め、忝《かたじ》けなくも一天万乗の君の叡覧に供したるは、実に空前の面目なりと俳優共は注意し、午後九時首尾よく舞納《まいおさ》めしが、幕の間には陸軍の楽隊が楽を奏し、夜に入りては電気灯を以て場内を照し、また天幕は萌黄純子《もえぎどんす》に白糸にて「与衆同楽《よしゅうどうらく》」の四字を縫出し、引幕は紫縮《むらさきちり》緬《めん》にて金糸の縫模様《ぬいもよう》にて目を射るばかりに美麗を極めたりとぞ。

ここに記される井上馨邸は、江戸時代は京極壱岐守《きょうごくいきのかみ》（讃岐多度津藩《さぬきたどつはん》）の江戸屋敷で、現在は、国際文化会館（東京都港区六本木五―十一―十六）になっている。

国際文化会館に訊ねると、庭は、京極邸の時のままだと言う。ついでに記しておけば、国際文化会館が昭和三十（一九五五）年に建てられるまでは、屋敷の建物は井上馨邸から久邇宮《くにのみや》邸、赤星鉄馬《あかぼしてつま》邸、岩崎小彌太《いわさきこやた》邸と主を替えながらも保存されていた。

さて、国際文化会館の庭に立ってこの記事を読めば、明治天皇を招いての演劇がどれほど大きな規模で行われたかということを想像できる。

翻って言えば、当時の歌舞伎座（新富座）がいかに不潔で、天皇を招いて演劇を天覧することなどできるような場所でなかったということでもあろう。

前日から支度《したく》に取り掛かり、当日は、早朝から井上邸の左右から向かいの東洋英和学校（現在の麻布中学校・麻布高校）に掛けて赤い提灯が掛け吊られた。また、井上邸の門には二竿《ふたさお》の国旗が掲げられていた。

午前十時に市川團十郎が守田勘彌《もりたかんや》とともに井上邸に現れ、舞台を点検し、井上邸の門に隣接する長屋を借りて俳優や囃子方などの休憩所とした。

天皇の来邸は午後二時過ぎで、三時から演劇が始まった。終わったのは九時。幕間には陸軍の楽隊も音楽を演奏し、夜には電気の灯りが灯されたという。

興味深いのは、「天幕は萌黄純子に白糸にて『与衆同楽』の四字を縫出し」という部分である。

浮世絵の収集で著名な浅井コレクションに、この時のことを描いた豊原国周《とよはらくにちか》の「与衆同楽」の錦絵（コレクションNo.ACI011X0099）がある。

桜の花が満開の庭、女官たちの中心に明治天皇が着席し、市川團十郎、初代市川左團次、中村福助らによる「勧進帳《かんじんちょう》」が演じられている。

「読売新聞」では、この時「山姥《やまうば》」と「夜討曾我《ようちそが》」の二幕も演じられたと伝えているが、「与衆同楽」は、『孟子《もうし》』（梁恵王章句上）にある「古之人《いにしえのひと》、民と偕《とも》に楽しむ」を言い替えたもので

「衆と同《とも》に楽しむ」と読む。『孟子』では「古之人」は、周の文王を指す言葉として使われているが、ここで「衆と楽しむ」のは、明治天皇であることは言うまでもない。
吉田松陰の『講孟余話《こうもうよわ》』（『講孟劄記《さっき》』とも）などを持ち出すまでもなく、漢学の素養のあった人たちにとって「与衆同楽」は、『孟子』のこの言葉を思い起こさせるには十分だったであろうし、またすぐに水戸の「偕楽園《かいらくえん》」も連想させるものだったに違いない。「偕楽」とは、同じく孟子の「古之人。与民偕楽。故能楽也（古の人は民と偕《とも》に楽しむ。故に能く楽しむなり）」に因《ちな》んで付けられた名称である。

　天皇に歌舞伎を観てもらうことは、「演劇改良会」としてはとても重要なことだった。それは、天皇が国政の要人、また演技をする人たち、またそれを手伝う多くの人々と、皆と「偕《とも》」に「楽」しんだことによって、今後の国家事業としての演劇への発展に承認を得られたということを公にすることができたからである。

　井上邸での演劇から二年後の明治二十二（一八八九）年十一月二十一日、歌舞伎座は、現在の銀座四丁目に、煉瓦石造り「電気灯は其の数、上層十三燈、下層廿五燈、都合三十八灯」を使った豪華なものとして開場される。

　この日「午後五時半頃に至り、福地（桜痴）座長舞台幕外に於て諸来賓に対し挨拶あり。尚簡単に演劇改良の目的を以て同座を建築したる趣旨を演べ、次で今度はホンの舞台ならしの為め有りふれたる演劇を興行」（「東京朝日新聞」）されたという。

「歌舞伎」と「新劇」

演劇では、今日、近代的な演劇を「新劇」、能や歌舞伎などの古典芸能を「旧劇」と呼ぶが、そうした区別はこの時期に表れたものだった。

謙澄らの明治十九（一八八六）年の演劇改良会の設立からは二十三年遅れ、明治四十二（一九〇九）年、劇作家で演出家の小山内薫《おさないかおる》は市川左團次とともに「自由劇場」というものを結成する。第一回公演ではイプセン作、森鷗外訳『ジョン・ガブリエル・ボルクマン』を上演するなど、ヨーロッパの「リアリズム」を我が国に確立するために力を尽くした。

この「リアリズム」は、近代日本演劇史研究者・神山彰《かみやまあきら》によれば「言文一致と関連して台詞も口語化、散文化へ向かい、同時に音楽と舞踏の要素の排除を前提と」して「それに加え舞台装置の変容もあって、台詞から叙景の要素が著しく後退してゆく」ことになり、「その結果として」「内面性が異様に重視されるようになる」とされる（神山彰『近代演劇の水脈』）。

つまり、謙澄らの「演劇改良会」の働きかけによって、話の筋も勧善懲悪という価値観によるものではなく、もっと現実を直視した人の心の動きをリアルに言葉や動きで自然に表現することによって、観衆の内面に訴えかけるようなものが作られるようになってくるのである。

こうして、作られたのが先の小山内薫と二代目市川左團次による「新劇運動」つまり「自由劇場」なのである。明治四十二（一九〇九）年十一月、有楽座で行われた『ジョン・ガブリエル・ボルクマン』の主人公、ボルクマンを演じたのは左團次である。

左團次は、新劇を始めた川上音二郎に影響を受け、一九〇六年に左團次を襲名するとまもなく九か月にわたって外遊し、ヨーロッパの演劇を観て小山内薫との新劇運動に参加したという。

左團次は、帰国後まもなく歌舞伎界を刷新し女優の起用などを行おうとしたが、残念ながらこれは成功しなかった。

ただ、左團次は、岡本綺堂《おかもときどう》の『修禅寺物語』、岡鬼太郎《おかおにたろう》『今様薩摩歌』などの新歌舞伎とよばれるものを創作すると同時に、古典の歌舞伎にも力を発揮した。

二代目左團次という歌舞伎界の天才がいたことによって、「リアリズム」を求める近代の新劇は生まれることになるが、そうした新劇の洗礼のためにも、謙澄が企てた「天覧歌舞伎」は、非常に重要な興行だったのである。

小山内薫がいう「伝統的な国劇」である歌舞伎は、「天覧」が行われなければもしかしたら滅んでいたかもしれない。

いずれ「型を無視して全く別に新しい自由な私達の劇芸術」（小山内）の大きな波が我が国を襲うことは、謙澄には自明のことのように思われたに違いなかった。

この新しい波の到来への道を作りながら、同時に「伝統」を守るための文化政策ができた政治力こそ、謙澄が果たした演劇会への大きな貢献だったのではなかったかと思うのである。

「女優・貞奴」誕生秘話

「女優」についても触れておこう。

謙澄は、「演劇改良意見」で女性の役者がいなくては、真の芝居はできないと言いながら「女役者はどこから取るかどうして仕込むかはまだ未発《みはつ》の事ゆえ今日は申し上げかねます」と言うが、外山正一は、「ただ女役者が出来たらば芸者輩がヒマにならむが、さすれば芸者が女役者になるまでのことなり」（「演劇改良論私考」）と、「女役者」と「芸者」の交換がすぐにできるようなことを簡単に言う。

外山の説は、これにかぎらずいつもかなり乱暴なのであるが、これには、当時有名だった伊藤博文の芸者遊びに対する揶揄《やゆ》も込められていた。

外山は言う。

「我が日本も文明諸国に仲間入りをしたる以上は、これと同等のツキアイがしたくばヒトリ遊女のみならず芸妓といえども一たび足を洗い立派に婚姻して、士大夫の北野方（ママ）となりたる以上は格別、鑑札《かんさつ》を所持して芸者商売をなしおるうちは娼婦同然世人の最も賤《いや》しむべきものなり。

芸者たり娼妓たり文明の世にありては晴天白日の身分にあらざるがゆえにかかるもののことは文明世界の狂言や歌には決して作るまじきことなり」（同前）

ところで、「演劇改良会」が設立されて十三年後の明治三十二（一八九九）年七月、川上音次郎とその妻で女優の貞奴《さだやっこ》は、神戸から亜米利加《アメリカ》丸で渡米した。

そして一九〇〇年のパリ万博では彫刻家・ロダンに見初められてモデルになることを懇願され、さらにフランス大統領・エミール・ルーベからは園遊会に招かれて「道成寺」を舞い、さらに、ドビュッシー、ピカソ、アンドレ・ジッドなどからも絶賛され、フランス政府はオフィシェ・ダカデミー勲章を授与した。

ベルリン、モスクワでも高く評価された貞奴であるが、彼女はもともと、浜田屋という置屋の女将であった亀吉の養女で、芸妓としての貞鑑《ていかん》を亀吉から厳しく教えられたという。坪内逍遥に戯曲の才能を認められて歌舞伎の原作を書き、六代目尾上菊五郎らと『舞踏協会』を作るなどして、また明治大正の女優の伝記などを遺した長谷川時雨《はせがわしぐれ》（一八七九〜一九四一）は、貞奴のこともよく知っていた。

貞奴は、十六歳の時に、伊藤博文に水揚《みずあ》げされるが、長谷川時雨はこの頃の伊藤博文と貞奴のことを『マダム貞奴』に次のように書いている。

間もなく時の総理大臣伊藤博文侯が（貞）奴の後立てであることが公然にされた。彼女はもう全く恐いものはなしの天下になったのである。総理大臣の勢力は、現今よりも無学文盲であった社会には、あらゆる権勢の最上級に見なされて、活殺与奪《かっさつよだつ》の力までも自由に所持してでもいるように思いなされていた。そして伊藤公は――かなりな我儘《わがまま》をする人だというので憎み罵《のの》しるものもあればあるほど、畏敬《いけい》されたり、愛敬があるとて贔屓《ひいき》も強かったり、ともかくも明治朝臣のなかで巍然《ぎぜん》とした大人物、至るところに艶材《えんざい》を撒《ま》きちらしたが、それだけ花柳界においても勢力と人気とを集中していた。奴は客としては当代第一たる人を見立てたのである。家には利者《きけもの》の亀吉という養母が睨《にら》んでいる。そして何よりも――眠れる獅子王の傍《そば》に咲く牡丹花《ぼたんばな》のような容顔、春風になぶられてうごく雄獅子の髭に戯《たわ》むれ遊ぶ、翩翻《へんぽん》たる胡蝶《こちょう》のような風姿、彼女たちの世界の、最大な誇りをもって、昂《こう》然《ぜん》と嬌坊《きょうぼう》第一にいた。

伊藤博文は、明治十八（一八八五）年十二月初代内閣総理大臣に任命されていた。

今、もし内閣総理大臣が、芸者を水揚げしたなどということが公になったら、スキャンダルで叩かれ、騒がれ、どうしようもなくなっていたに違いない。

ただ、よく知られるように伊藤の夫人梅子も下関の芸妓だったたし、羽生道英の評伝『伊藤博

文　近代国家を創り上げた宰相』でも、「若いころから艶聞の多い男だった」と書かれている。そして、実際、梅子夫人以外とも三人の子を儲けている。

貞奴が伊藤に水揚げされたのは、池内靖子「『女優』と日本の近代：主体・身体・まなざし」によれば、彼女が十六歳の時だったという。だとすれば、それは明治二十（一八八七）年のことで、伊藤が明治二十二（一八八九）年二月十一日に発布される「大日本帝国憲法」の草案を書いている頃であった。

「大日本帝国憲法」の起草には、伊藤の腹心であった伊東巳代治《いとうみよじ》、金子堅太郎《かねこけんたろう》、井上毅《いのうえこわし》、清《きよ》浦奎吾《うらけいご》、そして謙澄も関係している。

伊藤は貞奴を水揚げした明治二十（一八八七）年の六月から八月の二か月間、横須賀の夏島《なつしま》（現在は埋め立てられている）で憲法の草案を書いていた。

伊藤はここに貞奴を同伴し、「『奴』は神奈川県夏島の別荘で過ごしたり、当時の女性には珍しく海で泳いだりした。水揚げしたと言っても、『奴』は普段は芸者を続けながら、伊藤からも手当を受け、伊藤の求める時のみ相手をすればよかった。伊藤に水揚げされたことで箔がつき、『奴』には井上馨・黒田清隆・西園寺公望・井上毅ら上客がついた」（伊藤之雄『伊藤博文　近代日本を創った男』所引『女優貞奴』）という。

貞奴が「演劇改良会」で謙澄などが伝えようとしたことをどの程度まで知っていたかは分か

らない。ただ、伊藤はもちろん、謙澄や、留学経験のあった金子などから、海外での演劇について話を聞いていたに違いない。

まもなく貞奴は、川上音二郎と出会い、伊藤と別れて音二郎と結婚する。二人はアメリカ合衆国を経てヨーロッパでの公演を行い、ジャポニズム旋風を巻き起こすことになるのである。

小説『谷間の姫百合』の翻訳

演劇のみならず、日本語の改良、つまり「言文一致」について謙澄が行ったことについても記しておこう。

明治二十一（一八八八）年二月から明治二十三（一八九〇）年九月に掛けて、謙澄は、二宮孤松《にのみやこしょう》（熊次郎）に下翻訳を頼んでイギリスの女流作家、バーサ・M・クレイの小説を『谷間の姫百合』（原題 Dora Thorne）という邦題で出版した。

明治二十一年三月二日付「大阪朝日新聞」には、次のように広告文が上げられている。

分かりやすく現代語訳にして引用しよう。

此書は英国の小説雑誌に掲載されてとても好評を得、欧米の諸国で頻に翻刻出版された人情小説の翻訳である。一人の貴公子がある貧しい女性を好きになり、ある地方に漂泊するところから話がはじまる。人々の生活態度、人々の心の移り変わりを詳しく記し、また美文美辞を尽くして、読み始めたら止められなくなるほどである。（中略）訳文はとても自然で「日用普通の言語」を用い、「大人君子《たいじんくんし》も」これを「読んで楽しみ」、また「幼童婦女」もこれを「聞《きい》て喜ぶ」。ほんとうにこれこそが訳本の典型であるというほどの珍しい本である。

序文によれば、謙澄は「予、嘗《かつ》てロンドン滞在中これを読んで大に其巧妙《そのこうみょう》に感じたり」というように、ロンドンで読んで感銘を受けた小説だったから、これを翻訳して日本にも紹介したいと考えていたのであろう。

下訳を頼んだ二宮孤松は、すでに末広鉄腸と共に『（小説）雨中花』（原題不明）を訳していた。

二宮が謙澄に下訳を持って行ったところ、謙澄は「六《む》っかしい字は止めて普通の言葉に用いて居るものを用うるがよい」と言ってなんとか漢語を減らそうと努力したという（谷川恵一「異国の女」一九九八年『日本文学』四十七巻十一号）。

巻一の例言でも、謙澄はこのことに触れ、「翻訳の体裁は已に普通語となれるものの外は、力《つと》めて漢語を省き、且《か》つ古雅《こが》に渉《わた》らず鄙俚《ひり》に陥《おちい》らざる一種の通俗文を用いたり」と述べている。

このような配慮をして出された『谷間の姫百合』の文章を少し紹介しよう。

有洲《ありす》伯は辞《ことば》を和らげ
　つまらない事をすると自分計《ばか》りではない外《ほか》のものまで災難だマー篤《とく》と考えて見ヨ万一《まんいち》其方が後先見ずに左様云う不了見なことをすると揚句《あげく》の果《はて》は家族《みんな》は勿論《もちろん》其方とても困り切る様になるは必定《ひつじょう》些《ち》とは道理を聴くが宜《よ》い。
ト説き諭せど其子成人は聞入るべき気色《けしき》もなく
　僻《ひが》んだ事に道理がありますものか父上こそ立派な道理で私《わたく》しの婚姻をお止《と》め遊《あそ》ばすことが出来ますか

こんなふうに「ト」書きが付いた文章で、演劇にもすぐに使えるような書き方になっている。現代人から見ると、これでもかなり読み難いと思われるが、二葉亭四迷《ふたばていしめい》の言文一致による文体に似て、当時の人には、非常に画期的で、読みやすい「日本語」になっていた。

また、いかにも鹿鳴館時代らしい会話などもある。

成人《なるひと》は訝《いぶか》しく思いながら

幾度も一緒に踊ッたら何《ど》うです。斯《こ》う云うと失礼ですか。知りませぬが、貴娘《あなた》の舞踏は私とは本統《ほんとう》によく調子が合います。
春枝《はるえ》　其れで郎君《あなた》が斯《こ》う幾度も私しを相手になさるのですか

謙澄は皇后や伯爵夫人などにも本書を贈呈したが、皇后は、本書を愛読したという（前掲谷川恵一論文）。

「大人君子も」これを「読んで楽しみ」、また「幼童婦女」もこれを「聞て喜ぶ」本で、皇后の愛読書であるということもあって、本書は増刷を重ねていった。

文学博士授与と結婚

さて、明治二十一（一八八八）年六月十二日の「大阪朝日新聞」に、我が国最初の「博士号」の授与について報じる大きな記事が掲載された。

そこには謙澄の名前もあった。

「明治二十年勅令第十三号学位令第三條に依《よ》り茲《ここ》に文学博士の学位を授く　福岡県平民従五位勲六等　末松謙澄」

この時、同時に文学博士を授与されたのは、帝国大学文科大学国文学科の黒川真頼《くろかわまより》、謙澄ともすでにイギリスで仲が良かった仏教学者・南条文雄《なんじょうぶんゆう》、明治天皇の愛読書でもあったサミュエル・スマイルズの『セルフ・ヘルプ』を『西国立志編』と題して翻訳した教育学者・中村正《なかむらまさ》直《なお》などである。また、理学博士として、謙澄のケンブリッジ大学入学に助力してくれた菊池大麓もいた。

こうした博士のほとんどは、東京帝国大学の教授になるなど、研究や教育行政に邁進《まいしん》した人が多かったが、謙澄は学者の道を選ばなかった。

その最大の理由は、謙澄が伊藤博文の次女・生子と結婚したことであろう。

無可有郷主人《むかゆうきょうしゅじん》著『今世人物評伝叢書　伊藤博文』附「末松謙澄」（明治二十九年民友社刊）には、ほとんど触れられることのないこの頃の謙澄の人となりを評している部分があるので紹介しよう。

謙澄は円く赤黒い顔、身体は肥大、その声はまるで鐘を撞《つ》くように大きい。身体の動きは素早いが、風采《ふうさい》はまったくあがらない。細かいことに拘《こだわ》らず、さっぱりとした性格である。ヨーロッパの慣習を真似て、女性への応対には細心の注意を払う。伊藤博文内閣の時、伊東巳代治と末松謙澄の二人はなくてはならぬ腹心だった。世人は、伊東巳代治のことを悪くいうことがあったけれども、謙澄を嫌うという人はほとんどなかった。伊東巳代治とは性質をまったく異にして、謙澄は「天真爛漫嬰児《みどりご》の如く、悪意なく、策略なき」人であった。

ここに書かれるように、謙澄は風采はそれほど上がらなくても、性格が大らかで、婦人に優しく、天真爛漫であったという。

このような謙澄の性格が、伊藤にはとても好感が持てたのだろう。

伊藤博文には明治元（一八六八）年八月四日に生まれた生子という娘があった。

伊藤博文が神戸にいたときに生まれた娘で、名前の由来は「生田森神社」の「生」であるという（末松謙澄著『孝子伊藤公』明治四十四年再版、博文館）。

伊藤博文は、謙澄を婿養子にしようと考えていたらしい。しかし、謙澄は養子になることを断り、生子と結婚したのだった。

文学博士を授与されるちょうど一か月前、「大阪朝日新聞」は「末松謙澄氏の婚姻」という記事を出している。

「同氏は今迄一度も夫人を迎えず独身なりしに今や良媒《りょうばい》の婚を議するあって近日中伊藤伯の令嬢（十八歳）を娶《めと》る筈に相談整いたる由《よし》」と。

結婚式が行われたのは、明治二十二（一八八九）年四月二十二日であるが、一年ほど前には、話が決まっていたのであろう。

結婚の時、生子十八歳、謙澄は三十五歳になっていた。

衆議院議員当選

謙澄は、明治二十一（一八八八）年四月五日に地方事務臨時取調委員、七月五日には東京音楽学校商議委員、十一月七日には郡制、府県制、元老院議定に付せられたるに付、内閣委員という官職に就いていた。

そして結婚の翌年の明治二十三（一八九〇）年七月七日に行われた第一回衆議院選挙に福岡県第八区から立候補する。

当選が決まったのは同年七月五日である。「読売新聞」は「福岡県第八区（京都、仲津、築城、上毛四郡）九百六十二点　自治《じち》　末松謙澄」と報じた。

謙澄は「自治」と記されるように、井上馨を中心に結成された「自治党」からの出馬だった。

自治党とは、井上馨が、もはや薩長藩閥による政治支配は続かないと考え、地方の有力者を集めて地方自治を行わせ、国政を担える者を育て、過激な自由民権派や国粋主義の台頭を抑制しようとして作った政党だった。

謙澄は、当選後、まもなく時事通信社の社員による「政治上の主義」について質問を受けている。

記者が、謙澄が自治党から出馬したことについて訊くと、謙澄は次のように言う。

井上馨と常日頃交際しているが、「自治党」の目的や組織については井上と特段相談したことはない。そして、もともと自分は政党があることのいい点と悪い点については考えたことがあったし、福岡から出馬した時にも、選挙人に向かって「何に一つ約束したる処もなく一切無条件」であったと語っている。

記者は「そうであるならば、あなたは独立党とか中立党というべき立場なのか」と訊く。

謙澄は、これに対して「予の如き者を称して独立党又は中立党と言うならば予は足下《そっか》の問う所の通りなるべし」と言いつつ、こうした党からの「束縛を受る積りなし」と答えている。

謙澄の眼は、政治にあるわけではなかった。

もっと遠いところ、そしてもっと大きな「日本」を見ていたのではなかったのだろうか。

謙澄は明治二十五（一八九二）年二月に行われた第二回衆議院選挙でも当選し、同年九月には法制局長官、次いで翌明治二十六年には、文官口頭試験委員長、法典調査会主査委員、内閣恩給局長、外交官及び領事館試験委員となり、この年勲四等瑞宝章を授与されている。

そして、明治二十七（一八九四）年の日清戦争の際には、西園寺枢密顧問官らとともに朝鮮に渡って大本営付に命ぜられるなどして三等旭日中綬章を受け、翌年に男爵を叙勲される。

日清戦争終結

日清戦争が終結するのは明治二十八（一八九五）年四月十七日である。

謙澄は、この頃、法制局長官であったが、戦争終結の直前の三月五日、李氏朝鮮が清朝から独立するための援助資金貸与のために渡韓している。三月五日付「東京朝日新聞」は「今度朝鮮政府に貸与する三百万円の内金幾分《いくぶん》を携帯し今日午後三時発の便船にて渡韓の途に就けり。其滞在は凡《およそ》二三週間の見込なりと」と記している。

明治三十年当時の一円は、現在の物価からすると約四千円に相当する。つまり、ここに記される「三百万円」は、百二十億円に相当する。携帯された「内金」がどれほどだったか分からないが、同月二十六日付「東京朝日新聞」は「三百万円は銀貨と紙幣を半額ずつ渡す事」としており、銀貨と紙幣を携えての渡韓だったことが知られる。

ただ、この貸与の話は、破談になってしまう。

二十六日付同新聞は「種々の事情あり。井上（馨）公使、末松長官之れを聴かず、三百万円貸与の事は茲《ここ》に一先《ひとま》ず破談となれり」と記している。

破談の理由については、「東京朝日新聞」は謙澄の談を載せているが、「朝鮮側が三百万円をすべて銀貨で払うこと」「釜山、光陽、仁川の三港の海関税を日本側が要求したのに対しすでにその関税が外国債の抵当にあると言って拒否したこと」、さらに「日本側が慶尚道もしくは全羅道の租税を要求したことに対して、八道の租税を分配して取って欲しいと求めたこと」の三点を挙げている。

ただ、朝鮮側は日本が破談を伝えると、再び前の条件での貸与を願い、さらにそれを翻《ひるがえ》すなど「朝に約して夕に変ずる已に無礼」と「東京朝日新聞」はその顚末を記している。

謙澄はこうしたことに翻弄されながら、朝鮮や清朝の列強との違い、また日本が列強の租界《そかい》や租借地《そしゃくち》にされないための守りをどのようにすべきかなどに思いを馳せていたのではないだろうか。後年、日露戦争下のロンドンでの講演で、謙澄は、東アジアの中でも日本人あるいは日本の文化が、いかに中国や周辺諸国と異なっているかということを述べている。謙澄は、じっさいにこうした政治交渉に携わりながら、交渉術を磨き、日本人及び日本文化の特徴を捉えていったのであろう。

毛利家歴史編輯所総裁就任と『日本美術全書』の出版

こうした官僚として、政治家としての仕事の傍《かたわ》ら、謙澄は、明治三十（一八九七）年に毛利家歴史編輯所総裁に任命される。

これは、毛利家の財産管理人であった井上馨が、伊藤博文に打診して、伊藤経由で謙澄に依頼された仕事だった。

長州毛利家の維新関係の資料の整理を行い、明治十一（一八七八）年のヨーロッパ留学の目的として掲げられた「英仏歴史編纂方法研究」の成果としての史料編纂を行って欲しいというのである。

毛利家にしても、井上や伊藤にしても毛利家の維新関係史料の編集がこれほど困難な仕事だとは考えていなかったのかもしれない。あるいは、謙澄自身もスタッフさえ揃えて計画的に行っていけば、数年で終わる仕事だと考えていたのかもしれない。

しかし、結果的にこの仕事は、謙澄たった一人で行われ、完成は謙澄の死の二か月前、出版は死後のこととなる。

このことについては、第五章にまとめて詳しく記すが、謙澄はこの時期、もうひとつの大きな仕事を成し遂げていた。

それはウィリアム・アンダーソン著「The Pictorial Arts of Japan」の翻訳である。

原著の編纂に謙澄が関わったことについては、第二章で触れたが、謙澄は、これを日本語に訳すことによって、我が国における「日本美術史」の発展に大きく寄与することになる。

自序に謙澄は次のように記している。

「予《よ》は此書の為《た》め、容易ならざる労力と尠少《せんしょう》ならざる費用とを費《ついや》したり。其間、朋友・知人に対しては、多く尋問応接の機会を失い、動《やや》もすれば怠慢の譏《そしり》を招き、家眷親族《かけんしんぞく》に対しては毎々団欒歓晤《だんらんかんご》の時間を失い、動もすれば不快の感を招きしことあり。然れども、予は此書の邦人に裨益《ひえき》あるを信ずるが故に、公務の余暇、孜々《こうこう》怠らず、百事を抛《なげうち》て、以て之を完成せり（後略）」

ここに記されるように、謙澄はこの仕事の間、友人、知人との交際もできるだけ避け、家族や親族とも団欒の時間を持つことなく、多くの人に不快な気持ちを抱かせたようである。しかし、これは自分以外、誰にもできない仕事だと自分に言い聞かせてこの翻訳を行った。

謙澄は、政治の世界に身を置きながら、政治家ではなく文化人として国を守ろうとしていた。言文一致運動、演劇改良運動、天覧歌舞伎の企画、『谷間の姫百合』の翻訳、毛利家編輯所での明治維新の歴史編纂など、謙澄は、イギリス留学から帰国後、日本の文化を守りながらその可能性を大きく伸ばすための仕事を多く成し遂げていた。

謙澄にとって政治と文化は切り離して考えることはできないことだったのである。

この自序が書かれたのは、明治二十八（一八九五）年十月であるが、本が出版されたのは、それから二年後の明治三十（一八九七）年七月のことだった。

「沿革門」「応用門」の二冊本での出版は、自序に書かれるように、「容易ならざる労力と尠少ならざる費用とを費し」たものであることが容易に推測される。

本書には、当時の帝室博物館総長であった九鬼隆一《くきりゅういち》が序文を寄せており、木版、写真、着色された写真などが原書と同じように掲載され、原書と相対象して読むことができるようになっていた。

我が国では、明治二十（一八八七）年に東京美術学校が設置され、日本画、西洋画、図案、彫塑などの分野における芸術家の教育が行われた。しかし、まだ日本美術史の研究者を育てるための機関はどこにもなかった。

日本美術史の研究は、本書の出版から始まったと言っても過言ではない。

ロビイストへの道

明治三十一（一八九八）年、謙澄は第三次伊藤内閣の発足と同時に逓信大臣に就任した。四十四歳の時である。

ついで、明治三十三（一九〇〇）年には伊藤博文が組織する立憲政友会の創立委員となり、多忙を極めた。そして、同年十月には第四次伊藤内閣では内務大臣に任命された。

翌年五月、伊藤博文は内閣を辞職し、貴族院議員として貴族院議長に就任する。

新聞の記事によれば、この年、謙澄は政友会のための遊説で全国を駆けめぐりながら、佐佐《ささ》木《き》信綱《のぶつな》の竹柏会《ちくはくかい》の歌会に出席したり、大磯にあった伊藤博文の滄浪閣《そうろうかく》などにいくなどしていたことが知られる。

同年十月、我が国はイギリスとの同盟交渉を開始していた。

十月十六日に駐英公使林董《はやしただす》がイギリス外相・ランズダウン侯爵と公式に同盟交渉を開始すると、十一月にはランズダウン侯爵が「日英同盟条約草案」を林に手渡し、日本側は同月二十八日に修正案を決議する。十二月七日に元老会議が開かれ、桂太郎首相、小村寿太郎外相も出席して修正案を承認。十二月十日に天皇の裁可が下される（「日英同盟協約締結始末」）。

この条約草案などにも、謙澄は目を通していたに違いなかった。

謙澄の目は、常に国際関係に注がれていた。

とくに、一九〇〇（明治三十三）年六月から九月にかけて中国華北と満州を中心に起こった義和団《ぎわだん》事件以降、ロシアは満州を占領下に置いて露清密約を結び、旅順・大連を租借し、旅順に太平洋艦隊の基地を作るなどして日本の国益を侵し始めていた。

我が国は、明治三十六（一九〇三）年六月、アレクセイ・クロパトキン陸軍大臣を国賓として招いたが、日露関係の問題は解決されることはなかった。

本格的な日露交渉が同年八月から始められた。

しかし、ロシアは一方的に朝鮮半島を支配下に置くことを提案し、モスクワからウラジオストクまでのシベリア鉄道全面開通も目前に迫っていた。

和平か戦争か、を日本政府は迫られることになる。

そして、明治三十七（一九〇四）年二月十日、日本はロシア帝国に対して宣戦を布告することになる。

この国難にあって、謙澄は伊藤博文とともに日本が進むべき道を摸索していたのだった。

第四章　真の日本とは何か

明治38（1905）〜明治42（1909）年頃
滄浪閣で撮影された家族写真。後列右から二人目が謙澄。
前列一番左が末松生子（謙澄の妻）、
三人目が伊藤梅子（伊藤博文の妻）、中央が伊藤博文。

近代化への地ならし

明治二十七（一八九四）年から十年ごとに、日本は戦争に巻き込まれる。大正時代へと跨《また》がるから、西暦の方が覚えやすい。

一八九四年の日清戦争
一九〇四年の日露戦争
一九一四年の第一次世界大戦

これをみると、謙澄が四十歳になった明治二十七年頃から、我が国は自衛権などを巡って列国との交渉が非常に重要になっていたことがよく分かる。

イギリス留学を終えて帰国した謙澄は、伊藤博文とともに大日本帝国憲法の起草などを行いながら、演劇改良運動や昭憲《しょうけん》皇后も愛読した『谷間の姫百合』や日本美術史の嚆矢《こうし》となる『日本美術全書』の翻訳、また毛利家歴史編輯所総裁となって歴史史料編纂などを行っていた。

しかし、こうした文化活動を停止せざるを得ない国難が立ちはだかった。ヨーロッパの大強国ロシア帝国との間で勃発した日露戦争である。

この日露戦争時の謙澄のロビー活動についてはほとんど知られていない。しかし、もし謙澄がいなければ、日本はロシア帝国に勝利しても敗北しても、さらに窮地に追い遣《や》られていたに違いない。

大日本帝国憲法の起草やヨーロッパでのロビー活動など、謙澄の仕事は表立って人の目には触れないものが多いが、先を見通す目を持ちえていたからこそ、未曽有のさまざまな事態を前に、日本がスムーズに近代化へと進んでいけるこうした地ならしのような役目を果たしえたのであろう。

一九〇四年に起こった日露戦争は、今からわずか百二十年ほど前のことであるが、すでに多くの人にとって教科書の中の出来事として学んでいるだけで、その詳細についてはあまり知られていない。

だが、日露戦争は、日本という国の存在を世界に知らしめることになった大きな機会であり、そのことについても謙澄は多大な寄与を行っている。

そして、結果的に見れば、この日露戦争の勝利こそが、謙澄の岳父である伊藤博文の奉天での暗殺にも繋がるのである。

ロシア南下の脅威と第一次日英同盟の締結

我が国は、幕末、安政五（一八五八）年の安政の五カ国条約から、列強諸国との間に交わされた不平等条約の解消と国防と国益増強のため、台湾、満州、朝鮮半島、さらには日清戦争勝利の後の遼東半島の割譲を求めるなどによって、列強と肩を並べようとしていた。

しかし、日本の発展に対して、列強は、日本を脅威とみなすようになっていく。

そのひとつが、まず「三国干渉」という形で表れる。

明治二十八（一八九五）年四月二十三日、我が国は、日清戦争の勝利の後に清国との間で締結された下関条約で日本に割譲されていた遼東半島を、清朝に返還するようフランス、ドイツ帝国、ロシア帝国から勧告された。

フランス、ドイツ帝国、ロシア帝国による三国干渉である。

この時、謙澄は、衆議院議員として法制局長官に就任、また内閣恩給局長を兼任していた。

遼東半島問題は、つまるところ清朝はもちろん、ロシア、朝鮮半島などの権益にも関わる重要な土地をめぐるものであり、謙澄は、第一章で述べたように、明治九（一八七六）年に黒田清隆に随行して「日朝修好条規」の起草に携わった経験もあり、特にこの地域にはつねに関心を寄せていた。

日本がやむなく勧告を受諾し遼東半島を返還するとまもなく、ロシア帝国は清朝と密約を交わして露清《ろしん》銀行の設置、東清鉄道敷設、旅順・大連の租借経営を行い、かつ一九〇〇年の義和団事件以降、満州を軍事的に支配し、遼東半島を全面的に占拠、旅順に要塞を築いたのである。

その一方で、我が国は、明治三十一（一八九八）年頃から、次第に英国と親近の関係を深めつつあった。

これは、三国干渉を経て、極東で日本が孤立することを避けるために、林董（明治二十八年清国駐劄特命全権公使、明治三十年露国駐劄特命全権公使及びスウェーデン並びにノルウェー特命全権公使）が福澤諭吉と会談したことを「時事新報」が報じ、これが世論となって、日英提携説を喚起したことによるものだった。

また、英国側でも、北京にいた通信員モリソンが、タイムズ紙に、日英が提携することが得策であるとする説（「東京朝日新聞」はこの記事を「倫敦タイムスと朝鮮問題」として一九〇一年八月二十二日付朝刊に全文を掲載）を載せ、これがイギリスでも世論として大きく受け入れられるようになっていった。

義和団事件以降の清朝内部の政治的危機、またそれに乗じる列強の動向などの影響を見計らってのことである。

そして、加藤高明《かとうたかあき》が第四次伊藤博文内閣で外務大臣に就任して渡英すると、植民相チェンバレンがその歓迎の晩餐会で日英同盟に触れ、一気にその気運が高まることになる。

こうして、明治三十五（一九〇二）年一月三十日、日本駐英公使林董とイギリス外相ランズダウン侯爵ヘンリー・ペティ＝フィッツモーリスの間で日英同盟が調印されたのだった。

日英同盟は、調印から二週間を経て全世界に向けて発表された。

調印の内容は主に次の三点である。

○清国・韓国の独立と領土保存維持と共に、日本の清韓両国、イギリスの清における特殊利益を互いに擁護すること
○日英のいずれかが第三国と戦争の場合は中立であること
○二国以上と交戦した時は援助と共同して戦闘すること

香港（正確には香港島と九龍半島）を植民地としていたイギリスは、上海、厦門《あもい》、広州《こうしゅう》（沙面島）、鎮江《ちんこう》、九江《きゅうこう》、漢口《かんこう》、天津と中国の港を租界として交易をしていた。

イギリスにとって、東シナ海は防衛の拠点であり、ロシア帝国の南下によって旅順がロシア帝国太平洋艦隊の拠点となり、黄海がその支配下におかれれば、イギリスの植民地支配にも大きな影響があることは必至だった。

下関条約と謙澄

さて、話を、謙澄に戻そう。

謙澄は日清戦争の勃発に際し、また同戦争終結後に行われた「下関条約」に際しても大韓帝国に派遣され、ロビー活動を行った。活動はすべて秘密裏に行われたために、具体的なことはまったくわかっていない。ただ、戦後の韓国財政の処理に果たした功績として、この時の論功行賞によって謙澄は華族に列せられた。男爵の爵位授与が行われたのは、四十一歳のことであ

る。

言うまでもなく、外交にはロビー活動が重要である。

伊藤博文のみならず閣僚たちは、江戸時代以来、我が国が外国との交渉において、その交渉術の稚拙さから、いかに悩まされ続けて来たかをひしひしと感じていた。

交渉術の要となるのがロビー活動、つまり説得術であり、この説得術こそ、国の命運を大きく左右する「力」なのである。そのことは、現在の日本でも同じであろう。

そうした意味では伊藤博文にとってだけでなく、日本の外交にとっても謙澄はなくてはならない人物だった。

謙澄には、説得術の天賦があった。

しかも、それを磨くことにも余念がなかった。謙澄は、明治三十一（一八九八）年に軽井沢に別荘を購入する。これは、休養のための別荘ではない。

場所は軽井沢町字清水頭で、旧軽井沢イギリス公使館別邸の向かい側である。ここで、謙澄はたびたびイギリス公使の関係者と会合を持った。

謙澄は、東京でももちろんイギリス公使などと連絡を取っていただろう。ただ、軽井沢での歓談は、東京での公的な談話とは異なる事柄にも触れられる重要な情報収集の場として、謙澄には必要なことではなかったかと思われる。

なお、付け加えておくなら、謙澄は、後年、伊藤博文が韓国統監に就任し、大韓帝国皇太子・李垠《イウン》の養育係となった際、皇太子を自分の軽井沢の別荘に連れて来て紅葉狩をしている。また謙澄の別荘は「泉源亭」と呼ばれたが、大正八（一九一九）年には、謙澄によって売却される。この後、誰の所有になったかは明らかではないが、泉源亭は、昭和二十年太平洋戦争本土決戦に備え、貞明皇后《ていめい》（大正天皇の皇后）の疎開場所として選ばれ、数か月の間、貞明皇后はここで過ごしている。「泉源亭」と名づけたのは西園寺公望で、その扁額《へんがく》は今も掲げられ、また同名の茶室もしつらえられていた。

ロシア帝国海軍・アレクセーエフの談話の衝撃

一九〇三（明治三十六）年十月二日、対日強硬派のロシア帝国海軍・エヴゲーニイ・アレクセーエフの驚くべき談話が「アレキセーエフの日露戦争談」という見出しで「東京朝日新聞」に掲載された。

これは、二十年間、日本に滞在するあるロシア人外交官から聞いた話として載せられたものであったが、アレクセーエフ将軍によれば、日本の兵力などまったく考慮する必要ないというものであった。

我が国は、すでに文久元《ぶんきゅう》（一八六二）年にロシア軍艦が対馬を占領した頃から、ロシアへの脅威を感じていた。

それが一八九七年に、朝鮮が清王朝からの冊封《さくほう》体制を離脱すると同時に、満州を勢力下においたロシアはさらに南下を進め、日本への圧力を増していく。

すでに述べたように、ロシア軍は清露密約によって、満州、遼東半島を占拠し、旅順に要塞を築くなど、我が国が保持していた特殊権益を脅かしていたのである。

ロシア政府内で日本に対し、融和論を説く者もあったが、強硬論派の内相ヴァチェスラフ・プレーヴェや、一八九六年に皇帝ニコライ二世に日本との開戦を請願したアレクサンドル・ベゾブラーゾフなどは強行に開戦を主張した。

日本の兵力を考慮する必要はない、というアレクセーエフ将軍の見解に間違いはなかった。

日本兵二十万人分の食糧を朝鮮に運ばなければならないとすれば、それだけで日本の財政は破綻する。また、よしんばそれが可能だったとしても、ロシア太平洋艦隊によって食糧運搬船は簡単に撃沈されてしまうだろう。海路からでなければ、日本は食糧を運べないのだから、補給路を断てば日本兵は飢餓《きが》に苦しみ、八か月に及ぶ冬には動けなくなってしまっているに違いない。ここをロシア兵士が大挙して攻めれば、たちまち日本軍は全滅する。

アレクセーエフ将軍に指摘されるまでもなく、日本側にもそんなことは十分に分かっていた。

勝算は、まったくと言っていいほどなかった。

しかし、ここで戦い、ここでロシア帝国に勝たなければ、日本という国は植民地化されるかもしれなかったのである。

ロシアに対する宣戦の詔勅

明治三十七（一九〇四）年二月三日に桂太郎《かつらたろう》首相は、伊藤博文、山縣有朋、井上馨、松方正義の諸元老と協議の上、翌二月四日に御前会議を開く。

この会議には、元老の他、内閣側から、小村寿太郎《こむらじゅたろう》外相、曾禰荒助《そねあらすけ》蔵相、山本権兵衛《やまもとごんべえ》海相、寺内正毅《てらうちまさたけ》陸相が出席した。

そして、日没後の廟議《びょうぎ》で次の決定が下される。

「目下の形勢は、急速に時局を解決するの必要あるを以て、帝国政府は、さきに最終提議をなせしより以来《このかた》数次露国に回答を促《うなが》せり。然《しか》るに露国政府は、言を左右に托《たく》して、未だ何等の回答を与えず。（中略）事茲《ここ》に到りては、実に止むを得ざるが故に、帝国政府はこの談判を継続するも、妥協にいたるの望みなきを以て、これを断絶し、自衛のため並びに帝国既得の権利及正当利益を擁護するため必要と認むる独立の行動をとるべきことを露国政府に通告し、併《あわ》せて軍事行動をとることを緊要《きんよう》なりと思考す」

帝政ロシアの満州・朝鮮半島への進出に対して、日本はこれ以上譲歩することはできない状態に陥っていた。東シナ海、朝鮮海峡、日本海をロシアの制海権下に置かれないために、政府は何度もロシアとの協議を求めたが、一向にその返答がなされなかった。こうなってしまえば、自衛権と既得の権益を擁護するために、ロシア帝国に対し、宣戦を布告せざるを得ないというのである。

こうして、二月十日に「露国に対し、宣戦の詔勅《しょうちょく》」が出され、戦火の幕が切って落とされたのだった。

イギリスで「真の日本」を伝える必要がある

日露戦争の期間を含め、明治三十四（一九〇一）年六月二日より明治三十九（一九〇六）年一月七日までは桂太郎が首相を務めた。

謙澄は、貴族院議員ではあったが、この頃は体調を崩し、政務にはほとんど関わっていなかったようである。

ただ、まもなく開戦と聞いて以来、謙澄は、日英同盟を頼みとしてこの国難を乗り切る解決策を摸索せざるを得なくなった。

明治三十三（一九〇〇）年十月から、在日英国全権公使を務めていたのはサー・クロード・マクスウェル・マクドナルド（一八五二〜一九一五）である。

マクドナルドは親日家で、一九一二年十一月に離日するまでの十二年間、明治三十五（一九〇二）年の日英同盟締結、明治三十八（一九〇五）年の第二次日英同盟、明治四十四（一九一一）年の第三次日英同盟まで、長い間、我が国とイギリスの親密な関係維持に尽力した。

日露戦争の終結後の余談にはなるが、現在の競馬の重賞レースのひとつである「天皇賞」は、明治天皇がマクドナルドの昇格を祝ったことに起源がある。

マクドナルドは、明治三十八（一九〇五）年「全権公使」から「全権大使」に昇任した。明治天皇はマクドナルドとも非常に親しく信任を厚くしていたこともあって、この昇任を祝い「菊花御紋付銀製花盛器」を贈った。マクドナルドは、日本レースクラブの会頭を務めており、このクラブには伊藤博文、大隈重信、榎本武揚、松方正義、岩崎彌之助《いわさきやのすけ》なども名を連ねていたが、同年五月六日にこの銀器を賞品として「エンペラーズカップ」を創設した。これが「天皇賞」の起源である。

日露戦争開戦に当たって、謙澄はマクドナルド公使とも軽井沢などでの公私を交えた話をしていたのではなかったかと考えられる。

謙澄は、日露戦争開始より一か月前の一月十一日、湘南の寄居先から、枢密院議長・伊藤博文と参謀総長・山縣有朋に宛て、書簡（『伊藤博文関係文書五巻、一五八文書』）を送っている。

方今、国家非常の時期に際しては、欧米諸国、殊に英米両国の輿論《よろん》を喚起し其同情を増加するの工夫、極めて緊急と存候。此事、其筋に於て既に手を下す所有之《これあり》とは信ずれども、猶一層の大注意を要する様被存《ぞんじられ》候。付いては、此目的の為め個人の資格を以て、此事に尽《じん》瘁《すい》し得る者一人、欧米に派遣の必要有之と存候。前議《ぜんぎ》御同感に候得ば、小子《しょうし》、不肖《ふしょう》ながら其局に当り度《たく》、不遜《ふそん》の様には候え共《ども》、自《みずか》ら量りて目今最適任と信じ、自明を誤らざる積りに候。付ては、両閣下の御推薦に出《いず》ることに候わば、直《ただ》ちに事に茲に従い度、是亦報効《ほうこう》の一端《いったん》と存候。単純に前文の一事をのみ目的と致し候えば、少日子《すくなきにっし》にて事足り可申《もうすべき》と存候。

偏《ひとえ》に先輩の示教を翼《たすけ》候。　頓首

一月十一日

謙澄

春畝
含雪　両侯閣下

謙澄には、すでにこの時、日露開戦は分かっていたのであろう。

この書簡に見えるように、欧米諸国、とくに英米両国の世論を親日に傾けなければならないと謙澄は言う。そうでなければ三国干渉を受けたように、列強からの圧力で日本は進退窮まる状況に置かれるに違いない。そこで、「公人」としてではなくあくまで「個人」として「国のために自分がなし得ることがあればやらせて欲しい、そのための用意は十分にある」と謙澄は言うのである。

明治十九（一八八六）年にイギリスから帰国してより日露戦争勃発まで十八年間、謙澄は若い時に福地桜痴などによって養われたジャーナリストとしての目と、政治家としての目で、ヨーロッパの動向を客観的に見ていた。

謙澄の生涯を俯瞰して思うのは、一点、「国に対する思い」である。戦後使われる「ナショナリズム」や「愛国心」は、「軍国主義」あるいは「国粋主義」また「愛郷心」などとして理解されがちである。

しかし、謙澄はもちろん、明治維新を経験した人々にとっての「国に対する思い」は、いわゆる戦後世代の我々が考える「愛国心」とはまったく異なるものだった。

では、それはなんだったのか――と問われると、はたして、彼等の生き方、彼等が残した言葉からそれぞれが感じるしかない。

もし具体的に言えと言われるなら、「すべてと繋がっている」という意識ではなかったかと言いたい。

四書五経の中で初学入門書とされる四書のうち、最初に学ぶ『大学』に八条目というものがある。

「格物《かくぶつ》、致知《ちち》、誠意《せいい》、正心《せいしん》、修身《しゅうしん》、斉家《せいか》、治国《ちこく》、平天下《へいてんか》」である。これは「物の存在を知ること（格物）」が「天下を平和にすること（平天下）」に直結していることを教えたものである。

儒学という教えによって、すべての存在が「天下の平和」ということに繋がっており、同時に「平天下」は、「格物」によって支えられているということを身体で感じることができた世界こそ、彼等の生きた時代だったのではないかと思うのである。

さらに、彼等のヨーロッパ諸国へ抱く脅威の感情は、現代の我々には考えられないほど強かった。それは、嘉永六（一八五三）年に来航したペリーの、力で開国を迫った暴挙に対する憎悪によるものである。

山岡荘八《やまおかそうはち》は、その著、『明治天皇』で「その後百年にして起こった大東亜戦争まで、この事（ペリーの暴挙）は、歴史的事実として、ある一部の日本人の間に、根強いアメリカ不信の念を生き続けさせて来ているからだ」と書いているが、「ある一部の日本人」とは、明治天皇を初めとする公卿たちのことを指す。

ロシアのやり方は、まさにペリー来航を彷彿とさせる脅威であった。

これをいかにして食い止めるか、謙澄は、命を抛《なげう》つ覚悟で渡英し、イギリスのみならず欧州各国の世論を日本側に向けさせるようにロビー活動を行うことを、伊藤博文と山縣有朋に願い出たのである。

金子堅太郎をアメリカへ

日露戦争については、いくつか著名な映画も作られている。丸山誠治《まるやませいじ》監督『日本海大海戦』（一九六九年）、舛田利雄《ますだとしお》監督『二百三高地』（一九八〇年）、井上雅貴《いのうえまさき》監督『ソローキンの見た桜』（二〇一九年）などである。

この中の『二百三高地』の一場面に、伊藤博文（森繁久彌）が、金子堅太郎（天知茂）に、アメリカに行ってロビー活動をするようにと説得する場面がある。

金子堅太郎はアメリカに留学した際、ハーバード大学のOBとしてセオドア・ルーズベルト大統領を紹介されていた。この旧知の縁を頼って、なんとかアメリカの世論を日本側に向けるようにとのロビー活動の命令だった。

金子は、伊藤の言葉になかなか首を縦にふらなかった。

このことは、松村正義『日露戦争と金子堅太郎　広報外交の研究』に詳しく記されているが、金子がためらった理由は、アメリカは南北戦争の折、ロシア政府に助けてもらった恩義があること、またアメリカの富豪は、ロシア貴族と婚姻関係にあるものが少なくないこと。

「それに引き換え、日本と米国との関係は、当時まだ甚だ浅く、貿易上ですら、わが国からは単に生糸や羽二重織などを輸出しているにすぎず、何ら重要な関係は存在しなかったといってよい」（松村正義前掲書）からであった。

明治三十七（一九〇四）年二月四日に日露戦争開戦についての御前会議が開かれた時、貴族院議員だった金子堅太郎は、東京市麴町区一番町の自宅で、五十一歳の誕生日を迎えていた。

伊藤博文は、枢密院議長官邸に金子を呼び、次のように伝えたと金子は書き残している。

「今日、御前会議に於て日露開戦と極《き》まった。只今、小村（寿太郎）に命じて、露西亜駐在の栗野公使に国交断絶を通知する電報を発したから、明朝は、必ず露西亜の帝都に於て国交断絶、開戦の発表になる。就《つい》ては、君に直《ただち》に亜米利加《アメリカ》に往《い》って貰《もら》いたい」（金子堅太郎『日露戦役秘録』昭和四年）。

そして、伊藤は、強く、金子に要望したと言う。

「この戦争が一年続くか、二年続くか知らぬが、どこかの国に、調停に入ってもらえるよう準備をしておかなければ、この戦争は収拾させることはできない。イギリスは同盟国、フランスはロシア帝国との同盟国、ドイツは反日となれば、アメリカ合衆国に頼むしかない。ハーバード大学ロースクールの先輩であるルーズベルト大統領とも親しい君にアメリカに行ってロビー活動をして欲しい」（同前）

伊藤の強い説得に応じ、金子堅太郎は、一九〇四年二月二十四日、阪井徳太郎《さかいとくたろう》と鈴木純太郎の両随行員を伴い、横浜から米国船サイベリア号に乗船しアメリカに向かったのだった。

伊藤博文が謙澄に托したランズダウン外務卿への手紙

ところで、謙澄の横浜出港は、金子堅太郎に先立つ二月十一日だった。

謙澄の荷物の中には一通の手紙が入っていた。

伊藤博文が認《したた》めたランズダウン外務卿宛ての、二月九日付の謙澄の紹介状である。

言うまでもない、ランズダウン侯爵とは、明治三十五（一九〇二）年一月三十日、日本駐英公使林董との間で日英同盟を調印した英国の外相である。

伊藤は、英国滞在中の明治十五（一八八二）年にランズタウン外相の自宅に招かれたことの礼から始め、末松謙澄という自分の娘婿が、療養を兼ねてイギリスを再訪する旨を紹介状に記す。しかし、当然ながらその手紙の真の目的は、東アジア情勢と我が国の置かれた立場、そしてロシア帝国の脅威を伝え、これに対する日英同盟の重要性を改めて確認することにあった。

伊藤博文は書いている。

地球上のこの地域において覇権を求めるロシアの高圧的な歩調と、東洋における同国の力のこもった軍事的努力とは、段々と弱少な諸国家の安全や存在もさえ脅かす重大な脅威となってしまいました。最近のロシア政府の高圧的な政策は、しばしばわれわれに、われわれの将来の安全と平和の果実をわれわれが今後享受できるかどうかの可能性について、真剣に考え始めさせたわけであります。（中略）不幸にして、その試行も失敗に終わりましたので、もはやわれわれに残された方途は、われわれがわれわれ自身の将来の安全を防衛するために最善をつくす以外に、何も残されておりません。

閣下は、小生がわれわれのこの目下の意図にはなんら人種的偏見や「失地回復」の痕跡もないこと、つまり国家的必要性という冷徹な理由以外に何もないことを申し述べる時、小生を完全に理解して下さるでありましょう。それ以下のことは、貴殿の不偏不党なご判断におまかせいたします。小生は、われわれが平和維持のため最善をつくしてきたこと、そしてわれわれは失敗してしまったことを、貴殿に明確ならしめるだけが必要であるにすぎません。

（松村正義前掲書訳文）

伊藤博文は、金子堅太郎にも伝えたように、この国難を乗り越えるにはイギリスとアメリカ合衆国の後ろ楯なしにはどうすることもできないことをよく知っていた。

この考えは、謙澄が駐日イギリス公使・マクドナルドとの緊密な関係の中で得た情報にも裏打ちされたものであったに違いない。

イギリスに着く前に知っておかなければならなかったこと

謙澄は、随行員として英語に堪能な仏教学者・高楠順次郎《たかくすじゅんじろう》とドイツ語の達人である友枝高彦《ともえだたかひこ》を伴い、日本の伊予丸で太平洋を横断し、カナダのブリティッシュコロンビア州バンクーバー島の南、ビクトリア港を経て、まず米国のシアトル港に入港した。

アメリカ合衆国を経由してイギリスに向かったのは、金子堅太郎より先にルーズベルト大統領とジョン・ヘイ国務長官に挨拶をすることが決まっていたからである。

ヨーロッパ諸国の紛争への干渉をしないこと、南北アメリカに現存する植民地や属領を承認し干渉しないなどを説くモンロー主義に基づくルーズベルトの考えを、イギリスに着く前に知っておかなければならなかった。

謙澄は、ルーズベルト大統領、ジョン・ヘイ国務長官と会議を行い「高平（小太郎駐米公使）の紹介で大統領および国務長官と非常に懇篤な会見をしたが、両人とも満足のいく戦争の終結を熱心に希望しているように見えた」と、松村正義は記している（『ポーツマスへの道』）。

謙澄がアメリカ合衆国を経てイギリスへ渡ったことのもうひとつの理由に、アメリカの世論を知ることがあった。

謙澄はアメリカ行きの船の中で二度講演をした。聴衆は、インド、中国、日本とアメリカを往復する上流階級やインテリ層だった。

ついでアメリカにいる間にも、各新聞に日露開戦はロシアの傲岸さによって、日本がやむなく自衛のために宣戦しなければならなかったことを説いたのだった。

こうして、謙澄がロンドンに到着したのは、明治三十七（一九〇四）年三月十四日だった。謙澄の任務に対しては、外務大臣・小村寿太郎から林董公使に対して、次のような訓令書が出ていた。

それによれば、謙澄が英国の新聞紙上に、日露戦争の原因が帝政ロシア側にあること、また日本は決して植民地の拡大を行って列強に恐怖を与えるような立場にはいないこと、つまり黄禍論と呼ばれるものは実のないことを宣伝するために、謙澄にはすべての国内外の電文を自由に閲覧させて、ロビー活動の後方支援を行うようにとのことだった。

謙澄は、さっそく三月十六日に、伊藤からのランズダウン外務卿宛ての書簡を林駐英公使に托して面会を願い出る。

三月十八日に、謙澄はランズダウン外務卿と短いながらも面談をし、ランズダウン卿は、すぐに伊藤宛に「彼（謙澄）は、なおしばらくこの国に留まるようなので、小生も、間違いなくさらに彼と面談する機会が幾度かあることでしょう」（同前）と返事を書き送っている。

それからまもなく一九〇四年四月八日、日本にとって、非常にありがたいニュースが飛び込んできた。

英仏協商が調印されたのである。

これはエジプト、モロッコにおける権益の相互承認を認めるものであったが、この協商によって、日露の戦火は、他国を巻き込むことにはならないことが確認された。

黄禍論

戦争の長期化は、兵力の規模、軍事予算からしても、避けなければならなかった。

一九〇五年一月一日の旅順攻囲戦では、すでに死傷者六万人を出している。また、日銀副総裁・高橋是清によって戦時公債の募集などが行われていたが、戦争が長期化すれば戦費はすぐに底をつくことは明らかであった。

しかし、それ以上に問題だったのは、「黄禍論」である。

よく知られるように、日清戦争での勝利で日本が要求した清国に対する遼東半島の割譲は、ロシア、フランス、ドイツの三国による返還要求つまり三国干渉を経て、一八九五年十一月八日に遼東還付条約を日清間が結ぶことによって終結する。

この時、ドイツ皇帝ウィルヘルム二世は「gelbe Gefahr」、また英語で「Yellow Peril」（黄色人種脅威論）という言葉を使って、日本を攻撃した。

いわゆる「黄禍論」と呼ばれるもので、中国や日本人など黄色人種が、ヨーロッパ諸国の利権を脅かす存在になると説くものだった。

これは排華、排日のスローガンとなって移民法などにも影響を与えることになる。

奴隷貿易の廃止を決めた一八一五年のウィーン会議以降、列強にとって、中国の天然資源と労働力の利用は必要不可欠なものになっていく。

しかし、ドイツの地理学者・フェルディナント・フォン・リヒトホーフェンは『中国―わが旅の成果―』（一八八二年）で、「中国の巨大な天然資源と労働力を利用することを中国人に教えることによってヨーロッパ人は自殺的行為をおかしつつある」と書き、さらにアメリカ合衆国の思想家・ヘンリー・ブルックス・アダムズは、『開化と衰退の法則』（一八九五年）で、「欧米列強の優越を生み出した機械文明は、やがて東洋諸民族の擡頭《たいとう》を促し、結局白人諸民族が東洋諸民族の安価な労働力によって圧倒されることになる」と警鐘を鳴らした。

日清戦争は、まさに日本による機械文明の発達と、中国の天然資源開発を目論むものとみなされた。

ドイツ皇帝ウィルヘルム二世はこうした東アジアの台頭に対する脅威を、ヨーロッパに対するロシアの圧力を軽減させると同時に、フランスおよびイギリスとロシアとの関係を離間することに利用しようとした。

明治三十五（一九〇二）年一月に日英同盟が締結され、明治三十七（一九〇四）年二月に日露戦争が勃発し、翌一九〇四年四月に英仏協商が成立すると、ドイツ皇帝の黄禍論を口実とするロシア皇帝への煽動《せんどう》は激しさを増す。ドイツ皇帝ウィルヘルム二世は、いうまでもなくロシア側に立って、一八九七年、三国干渉で中国から租借した膠州《こうしゅう》湾及び青島《チンタオ》を拠点に、東アジアでの資源開発と労働力の利用を行うために、日本を牽制する態度に出たのだった。

謙澄の最大の仕事は、この「黄禍論」を鎮《しず》めることだった。

演説「日英の極東問題観」の真意

さて、謙澄は、さっそく一九〇四年五月五日にロンドン市内の一流社交場のひとつであったコンスチチューショナル・クラブで講演を行う。

タイトルは「日英の極東問題観」であった。

これは、ペリー来航以来の日米、日露、日清、そして日英に関する、我が国と各国との関係を説き、日英同盟が締結されたことの世界史的意義を述べるものだった。

そして、日本は、決して好戦的な国ではないこと、また、中国と我が国との関係についても触れ、日本に中国を侵略する意思のないことを強調しつつ、次のように説いた。

「一般的にいって、中国と日本とでは、特徴や観念においてかなりの目立った相違がありますので、その両国を合併させるのは、およそ不可能な問題でありましょう。日本も、そのような野心的な考えにはくみしません。日本が願うものは、すべてこれ、他の文明諸国と協同して、中国と平和的な通商上の交際を維持することなのであります。それゆえに、日本の政策は、いつもこういう路線上で実施されていくことでしょう」（『ポーツマスへの道』）

そして、この日本と中国の古くからの友好な関係は、英国とアメリカの関係と相似のものであり、日中そして英米の関係とも良好に維持されていくべきものであるといい、謙澄はさらに次のように言う。

「（イギリス人とアメリカ人は）アングロ・サクソンの血統という自然のきずなを、永久に、もしくは元通りにならないほどに断ち切ることなどできません。そこで、大英帝国とアメリカとを緊密に結合させようではありませんか。そして日本を彼らの側に立たせて下さい。それは、一見の価値ある光景となるでしょう。こうして、イギリスとアメリカと日本とが極東で一緒に手を結ばんか、それこそが、他の文明諸国の公平な権利と利益をともかくも損なわずに、永遠の平和の維持と文明の促進のために偉大な砦とならずして何でありましょうや」（同前）

日本とイギリス、アメリカとの関係を平和で友好的なものとして保つことが、世界の平和に繋がることを謙澄は、真摯な眼差しで演説したのだった。

いたに違いない。

謙澄の反「黄禍論」

謙澄はヨーロッパ中の新聞に目を通し、論文を書き、講演の原稿を作った。

また、おそらくはイギリスからフランス、ドイツなどへも往復しながら、ロビー活動をしていたに違いない。

一九〇四年七月には「日本とロシア」という論文を「インペリアル・アンド・エイシアアチック・クォータリー・レビュー」誌上に、八月には「フランスの世論と日露戦争」を「フォートナイトリー・レビュー」誌に、また「日本と対露戦争の開始」と「ロシアはどのようにして戦争を惹き起したのか」を「ナインティーンス・センチュリー・アンド・アフター」誌の八月号、九月号に連載する。

こうした論文の発表は、ほぼ毎月のように行われたようで、まさに、一九〇〇年の第五回パリ万博を経て、日本がジャポニズムと呼ばれる新しい文化の風となってヨーロッパで知られるようになるのと重なり、日本を紹介する絶好のチャンスでもあった。

しかし、すべてが順風満帆に行っていたわけではない。

ジャポニズムは未知なる異国に対する興味であり、それは未知なるがゆえに容易に脅威論に転換するあやうさを含んでいた。

一九〇五年一月十日から三日間にわたり、フランスの新聞『エコー・ド・パリ』が「黄禍論――驚くべき文書」などという見出しで、一面に日本の脅威論を掲載する。

児玉源太郎（日露戦争当時陸軍参謀本部次長、また台湾総督、満州軍総参謀長）が、桂太郎首相に対して、台湾、大韓帝国、インドシナも日本の植民地にしようと言ったという秘密文書があると書き立てたのである。

松村正義によれば、この記事には、たとえば、日英同盟の締結が一九〇二年であるのを一九〇〇年と誤り、子爵で陸軍大臣であった桂を伯爵で首相と記すなど、記事の内容に明らかな誤りがあって、偽造された文書であることは明らかだった。

謙澄は、これに対して、『ラ・レビュー』誌に「日本とフランス」という論文を発表して反論する。

論点は、たったひとつである。

フランス政府の日本に対する認識の不足である。

情報源の分からないブラックメールに翻弄されて、日本がフランスの国益を奪おうと考えるのは、事実無根であると説いた。

新聞や雑誌などのメディアが、憶測や世論を誘導するような噂を流して社会を動かしていくということはすでに当時から政治的な方法として使われていたことだった。

しかし、現在最も必要な政治の根幹は何か、両国にとって必要なものは何かと問うことによって、謙澄は切々とフランス国民に「友好関係」の大切さを訴えたのである。

謙澄の講演がヨーロッパの文化人に与えた影響

日露戦争において、日本は、一九〇五年一月一日の旅順攻囲戦に勝利していた。しかし来るべきバルチック艦隊との日本海海戦（一九〇五年五月二十七日から二十八日）に備えるための準備に国内は騒然となっていた。

そんな時期である一九〇五年三月八日に、謙澄はロンドンの芸術協会に招かれて「日本の道徳原理」というタイトルで講演を行っている。

それは、些末な現象から日本人を見るのではなく、その根本にある日本及び日本人の本質は何かを説くものだった。また同じことは、この講演から二十一日後に、ロンドン動物行動学会で行われた時に話した「日本人の生格」でも触れられた。

謙澄は言う。

「……ところで日本人の道徳的性格についてですが、東洋的な倫理は、詳細な点でいくつか、西欧のそれと異なっているかもしれませんが、わが国民は、いつも倫理全般の分野にわたって厳しい見方をしております。それで、多くの人たちが以前に想像していたように、極東の人びとには倫理上の原則が欠けていると考えるのは、誤っています。……日本と西欧との間の大きな違いがその外部に対する表示方法に現われてきます。日本では、愛情や感情も、外に向っては出来るだけわずかにしか表しません。このことは、単なる習慣や作法の違いからのみならず、倫理的原則の異なった解釈からも起きてきています」(『ポーツマスへの道』)

この後、謙澄は、西洋の人たちがキスを挨拶としてすること、書籍の縦書き形式、箸とフォークやナイフの違いなど、あらゆる面での生活の違いを挙げ、次のように言うのである。

「……実際のところ、清楚と簡素、つまり純粋と真面目は、何事においてであれ、物心両面にわたり日本人の性格の基礎そのものであるといってよいでしょう。疑いもなく、皆さんの多くは、美しい漆器をご覧になったことがあるでしょう。そして、その種の器の内面が時どき外部よりもっと綺麗で、もっと高価に装飾されているのに気付かれたことがおありのことと思います。これは、本質的に価値のある芸術品においてさえ、派手さが上手に隠されるように考えられていることの証拠なのです」(同前)

このような謙澄の講演は、ヨーロッパの文化人たちに大きな影響を与えることになる。

たとえば、ロンドン芸術協会で議長を務めたイギリスの外交官、フリーマン・ミットフォードは、著書『ミットフォード日本日記　英国貴族の見た明治』(長岡祥三訳)に次のような談話を載せている。

「彼(謙澄)がタイムズ紙、その他の英国やフランスの新聞雑誌に載せた講演記録や小論文によって、彼の名前はヨーロッパ中で有名になっていた。この前に彼と会ったのは、私が、その時、議長を務めたロンドンの芸術協会で、日本の道徳に関する素晴らしい論文を彼が読み上げた時であった。彼は日本をヨーロッパ各国の国民にもっとよく理解してもらおうと努めて、何ヵ月も滞在した後で、最近、日本に帰ってきたばかりだった」

謙澄のペンという剣

謙澄は、二年間の間に、あらゆる機会を見つけては日本の文化について、またロシア帝国との間になぜ軋轢が生じたのかについての講演と執筆を続けていた。

時系列でリストを挙げておこう。

一九〇四年四月
フランスのラ・メモリアル・ディプロマチク誌に論文「若干の日本非難に対する回答」掲載

同年五月五日
ロンドン、コンスチチューショナル・クラブでの講演「日英の極東問題観」

同年六月十七日

フランス新聞ル・タンにロシアとの講和に関するインタビュー記事掲載
同年七月
英国、インペリアル・アンド・エイシアチック・クォータリー・レビュー誌に論文「日本とロシア」掲載
同年八月
ナインティーンス・センチュリー・アンド・アフター誌に記事「日本と対露戦争の開始」掲載
同年九月
ナインティーンス・センチュリー・アンド・アフター誌に論文「ロシアはどのようにして戦争を惹き起したのか」掲載
同年十月
英国ウエストミンスター・ガゼット誌に記事「マガイア博士に宛てた日本兵の養成に関する書簡」掲載
同年十一月
ナショナル・サービス・ジャーナル誌に記事「ニュートン卿に宛てた日本兵の訓練に関する書簡」掲載

フォートナイトリー・レビュー誌に論文「日本における大変革」掲載
同年十二月
ナインティーンス・センチュリー・アンド・アフター誌に論文「腹切り・その真の意義」掲載
インデペンデント・レビュー誌に論文「日本の宗教」掲載
オーストリア、ウインナー・ターゲブラット紙に論文「西欧文明の日本への移入」掲載
一九〇五年一月
ロンドン、中央アジア協会での演説「中国の膨張を歴史的に再検討する」
同年二月
ナインティーンス・センチュリー・アンド・アフター誌に記事「日本における道徳教育」掲載
フランス、ラ・レビュー誌に論文「日本とフランス」掲載
同年三月
ウインナー・ターゲブラット紙に論文「日本における外国人の法的地位」掲載
ロンドン、芸術協会での講演「日本の道徳原理」
ロンドン、動物行動学会での講演「日本人の性格」

同年四月
ナインティーンス・センチュリー・アンド・アフター誌に記事「天皇の御心」掲載
アウトルック誌に論文「日本と戦時賠償」掲載
同年五月
ドイツ、ドイッチェ・レビュー誌に記事「戦後の東洋と西洋」掲載
同年六月
ドイッチェ・レビュー誌に記事「日本とフランス人についてもう一度」掲載
同年七月
フランス、クーリエ・ウーロペアン誌に記事「東郷提督に関して」掲載
イギリス、ポーテンシアル・オーガナイゼーション誌に論文「日本とヨーロッパ」掲載
フランス、ルーロペアン紙に論文「四十年前の日本における英仏外交」掲載
同年八月
インディペンデント・レビュー誌に記事「日本の教育」掲載
マガジン・オブ・コマース誌に論文「日本人の商業道徳」掲載
ルーロペアン紙に記事「インドシナ問題」掲載
同年九月

ロンドン、アーチボルト・コンステイブル社から『The Risen Sun』（『昇天旭日』）出版
同年十一月
同出版社から『A Fantasy of Far Japan or Summer Dream Dialogues』（『夏の夢、日本の面影』）出版

謙澄は、一九〇四年四月から一九〇五年十一月までに、少なくとも講演四回、論文を十三本、雑誌・新聞などへの記事十一本、書籍二冊を書いてヨーロッパの世論を大きく日本側に動かし、「黄禍論」がドイツ皇帝ウィルヘルム二世の煽動であったこと、またロシアの東アジアへの進出が国際関係に不均衡と悪影響を及ぼすこと、また日本の立場が決してヨーロッパ列強を脅かすものでないことを繰り返し説いたのだった。

毎月、このように講演と論文の執筆を行った謙澄のペンという剣は、当時ですらほとんどの日本人は知ることはなかった。

だれかがやらなければならない、しかしその仕事は人の目に触れず、人に高く評価されることにはならない。

謙澄は、そうした「だれか」に徹することによって近代日本を創る礎の役を果たしたのだった。

ケンブリッジ大学の学友、オースティン・チェンバレンと英仏協商

ところで、伊藤博文の依頼で、アメリカ合衆国に渡り、謙澄と同じくアメリカ国内での親日運動を推し進めた金子堅太郎は、先にも述べたようにハーバード大学でセオドア・ルーズベルトと学友だった。

ルーズベルトは、金子を「日本の最良の友」として、日露戦争という艱難《かんなん》に際し「百万の味方にも匹敵するほどの懇切な面倒を見てくれた」と言う。

じつは、謙澄にも、ケンブリッジ大学在学中に知り合った重要な友人がいた。オースティン・チェンバレン（一八六三〜一九三七）である。

父親は、植民地大臣を務めたジョセフ・チェンバレンで、首相（一九三七〜一九四〇）を務めたネヴィル・チェンバレンは、異母弟に当たる。

オースティンは、ケンブリッジ大学を卒業後、パリ政治学院の前身となる自由政治学学院で学び、海軍民事政務官、財務担当政務次官、郵政長官を経て、財務大臣を務めていた。

この時の首相は、アーサー・バルフォア（一八四八〜一九三〇）だったが、バルフォアは、極東で膨張するロシア帝国を牽制するために、英仏の接近が必要であるとして「英仏協商」を推進し、さらにフランスとアジア、アフリカにおける利権、領有権について適度な折衷《せっちゅう》を交渉した。

さらに、日英同盟の強化にも非常に篤《あつ》い関心を持っていた。

このバルフォア首相の下で、財務大臣を務めていたオースティン・チェンバレンは、父・ジョセフ・チェンバレンとともに謙澄に会い、その際、「余程心切《よほどしんせつ》に致呉候《いたしくれそうろう》」（伊藤博文関係文書五巻、一六〇文書）と謙澄は岳父・伊藤に宛て手紙を書いている。

一九〇五年五月二十六日、つまり日本海海戦が始まる前日のことだった。

ポーツマス条約締結と黄禍論の消滅

五月二十八日まで続いた日本海海戦によって、ロシアのバルチック艦隊はその艦艇をほとんど失い、司令長官が捕虜となるなど、壊滅的打撃をうける。

一九〇五年六月九日、セオドア・ルーズベルト大統領は、外務大臣・小村寿太郎から要請を受け、日露両国に講和勧告を行った。

そして、八月九日から、アメリカ、ニューハンプシャー州ポーツマス近郊で、終戦交渉を行い、同年九月五日に「ポーツマス条約」が調印される。

日本は、これによって遼東半島の租借権、東清鉄道の監督権を得ることになる。

また、日英同盟は、「攻守同盟」へと強化され、また、我が国の朝鮮半島支配と、イギリスのインド支配を相互承認し合うことになる。

日露戦争に敗れたロシアは東アジアから後退し、国策の重心をヨーロッパおよび西アジア方面へ移すことで明治四十（一九〇七）年には日本と日露協約を結ぶことになる。

こうして、ウィルヘルム二世がロシアを煽った「黄禍論」は、日露戦争以後ヨーロッパから消えて行くのであるが、謙澄のロビイストとしての活動が非常に大きな役割を果たしたのは言うまでもない。

「謙澄こそ東洋と西洋の懸け橋」

謙澄は、ヨーロッパ列強のパワーバランスを分析するインテリジェンスでもあった。

ポーツマス条約締結後、謙澄は、「平和条約訂結後にも欧州諸国の形勢の如何を視察するの要を感じ」（『日本外交文書』日露戦争V、四五九文書付記）、パリからブダペストを経て、コンスタンチノープル、ギリシャを回ってイギリスに戻るという約二週間に及ぶ東欧・バルカン視察の旅を行っている。

そして、ロンドンのアーチボルト・コンステイブル出版社（16 James Street, Haymarket, London）から二冊の本を出版する。

ひとつは、一九〇四年二月十一日以降、ヨーロッパ各地で行った講演や新聞へのインタビュー記事を集めた『昇天旭日』（原書タイトル The Risen Sun）で、もうひとつは、フランスの公爵夫人との問答形式で、日本の文化、芸術、学問などを分かりやすく紹介した『夏の夢、日本の面影』（原書タイトル A Fantasy of Far Japan or Summer Dream Dialogues）である。『昇天旭日』を読んだアメリカ人科学者・ウィリアム・エリオット・グリフィスは、謙澄こそ東洋と西洋の懸け橋となる名著を書いたと手紙を寄せた。

こうした手紙をもらうことは、謙澄にとって非常に名誉なことだったに違いない。

謙澄の帰国は、明治三十九（一九〇六）年二月十二日であった。

帰国後まもなく、二月二十四日には明治天皇に拝謁して帰国の報告をし、三月には枢密顧問官に任命された。その後、五月十九日から十二月末までの間に「任務終了の復命書」（『日本外交文書』日露戦争V、四五九文書付記）を政府に提出した。

謙澄は、この時、五十二歳になっていた。

第五章　『防長回天史』編纂

大正9（1920）年　66歳

政界から身を引く謙澄

明治四十二（一九〇九）年十月二十六日、清国黒竜江省のハルビン駅で、岳父・伊藤博文が暗殺された。

享年六十九。

伊藤博文がハルビンに来たのは、ロシア蔵相ウラジーミル・ココツェフと満州・朝鮮問題について、非公式に話し合うためであった。

日露戦争終結後のポーツマス条約で、朝鮮の外交権は、日本に譲与され、伊藤博文は、これに伴い、明治三十九（一九〇六）年三月三日、韓国統監に就任した。

大韓帝国には、自国が日本の保護国とされていることに、不満を抱く人たちが多くいたことは明らかである。ひとつ付け加えておくならば、伊藤博文暗殺の翌年、明治四十三（一九一〇）年八月には、大日本帝国は、大韓帝国を併合して朝鮮半島全体を統治することになるのである。

いずれにせよ、日露戦争の勝利、またそれにともなうポーツマス条約での朝鮮の外交権の日本への譲渡、また伊藤の韓国統監就任が伊藤博文の暗殺を招いた要因であったことは確かだろう。

伊藤の死は、五十五歳になった謙澄にも大きな影響を与える。

政界からの完全な引退である。

黄禍論と戦って帰国した後、謙澄は、明治三十九（一九〇六）年三月に枢密顧問官、翌年四月には帝国学士院会員に推挙され、九月には子爵、十二月には宮内省御用掛に任命されていた。

しかし、伊藤博文の暗殺後は、なんらの地位にも就いていない。強いて言えば、大正七（一九一八）年に「法学博士」の学位授与を受けるが、官職には就かなかった。

しかし、謙澄には、謙澄にしかできない仕事がひとつ残っていた。それは政治ではなく、日本の国運を「回天」させた「歴史」の編纂であった。

謙澄は明治三十（一八九七）年に毛利家歴史編輯所総裁に任命されてから大正九（一九二〇）年に亡くなるまでの実に二十三年間を掛けて『防長回天史』という大冊全十二巻を編纂していたのである。

「防長」とは、「防州」すなわち周防《すおう》国と、「長州」すなわち長門《ながと》国を合わせたものをいう。今の山口県であり、江戸時代は毛利家の長州藩に属していた地名である。

長州は、薩摩藩とともに、吉田松陰、高杉晋作、木戸孝允、大村益次郎《おおむらますじろう》、伊藤博文、井上馨、山縣有朋など、討幕維新の原動力になった人々を輩出した。

はたして、彼らは、どのようにして明治維新を成し遂げることに成功したのか。

山岡荘八、司馬遼太郎《しばりょうたろう》などの小説は言うまでもなく、明治維新という我が国の歴史の大きな転換点について書かれた研究書は甚だ多い。

しかし、小説を書くにせよ、研究をするにせよ、一次史料となるものがなくてはどうすることもできない。

今なお、その一次史料として使われるものこそ、謙澄が編纂した『防長回天史』なのである。「回天」とは、時勢を一変させることをいい、古く范曄《はんよう》の『後漢書』に由来する。

つまり、「長州藩による時勢一変の歴史」というのが、『防長回天史』の意味なのである。

すでに触れたように、謙澄のイギリス留学の目的は「本務の余暇を以て英仏歴史編纂方法研究申付候事」というものであった。

政府が求めた「歴史編纂方法研究」とはどのようなものであったのか、そしてはたして謙澄は、新しい歴史編纂方法によってどのように歴史を見ようとしていたのだろうか。

防長二州の人士にあらず

さて、その「防長（長州）」であるが、『防長回天史』の緒言を読むと、謙澄は「（自分は）長州の人ではない」と繰り返し、書いている。

言うまでもなく明治以降政治官僚の中枢を握ったのは長州藩あるいは長州と共に討幕を行った薩摩藩出身の人が多かった。

謙澄は、武士でなかったとはいえ、小倉藩という幕府側にいて、長州からの攻撃を受けて小倉城を焼き払われた反体制派に属する人だった。

そんな謙澄が、長州人のなかでも、国家の重鎮とされる伊藤博文の懐刀となって、伊藤の娘を妻にし、さらに長州藩がいかにして、幕府を倒して新政府を樹立したのかという歴史を編纂することは、長州藩側の人たちのみならず、小倉藩側――もっと言えば日本全国にいた討幕派、佐幕派のどちらの人たち――から見ても、「裏切り者」のように見えたことは確かだった。

そのような立場の謙澄が、なぜ防長の歴史書を編纂することになったのか。それについてはこの後述べるが、たとえ周囲の人たちからどのように見られようとも、自分は「防長」の側に立って歴史を編纂するわけではない、もとより「反防長」に立つわけでもない。そのことを表したのが、「(自分は)長州の人ではない」という言葉だったのである。

謙澄は、幕府側、長州側のどちらにも立たないという、切り立った山の尾根を辿るような気持ちで史料に対していったのではないだろうか。

明治国家としての「修史」の必要性

「明治維新」とは何だったのかとここで問うつもりはないが、この言葉は、明治十六(一八八三)年に徳富蘇峰《とくとみそほう》が『官民調和論』を書いた頃から広く使われるようになっていく。それまでは、とくに新政府を樹立しようとしていた人たちの内部では、彼らがスローガンとしていた

「王政復古《おうせいふっこ》」という言葉が使われていた。

言うまでもなく、これは、古代の天皇親政が行われていた時代を理想国家として目指すという意味を持つ。「復古」という言葉を使うことで、自分達の新政府樹立を正当化し、さらにそれを全面に押し出すために、新政府では組織の名称も奈良・平安時代に置かれたものが使われたのだった。こうすることによって、彼らは、自らの「正統性」を内外に示そうとしたのである。

そのために必要なことが、もうひとつあった。

それが、正しい歴史を編纂するという意味での「修史《しゅうし》」という事業である。

明治天皇は、明治二（一八六九）年四月四日に、直筆で「修史局総裁沙汰書」を出している。

現代語に訳せば、おおよそ次のような内容になる。

「歴史書の編纂は、永遠に朽ちることのない大切な典籍として、また先祖に対する大切な事業であるにも拘わらず、九〇一年に奏上された『日本三代実録』以来、絶えて編纂されてこなかった。今こそ、鎌倉時代以降の武家による政治の専政を止めさせ、天皇自ら政務を行おう。従ってここに『史局』というものを置いて天皇家代々の偉業を継ぎ、大いに天下に文化を開かせるために、修史局総裁の職位を任命する。必ず、すぐに君臣それぞれの名分を正し、国内外の動向をも明らかにして、人倫の道を人々に教えるようにせよ」

こうして明治天皇は、三条実美《さんじょうさねとみ》に六国史《りっこくし》以後の歴史書編纂の総裁を命じたのである。

ここに記される「史局」は、最終的には現在の「東京大学史料編纂所」となるが、今も天皇直筆の「修史局総裁沙汰書」は同編纂所に所蔵されている。

ところで、『日本書紀』から『日本三代実録』までの歴史書は、中国大陸の歴代王朝で編纂されてきたいわゆる「正史《せいし》」（『史記』から『明史』までの二十四の王朝の歴史を紀伝体《きでんたい》で書いたもの）のスタイルで書かれたものであった。

しかし、すでに『日本書紀』などでも指摘されるように、「正史」として天皇の系譜を「紀伝体」で書いていくことになれば、「国体《こくたい》」と呼ばれるものと、学問としての「歴史」に齟齬《そご》ができてしまうことになる。

明治初年の歴史学研究

さて、謙澄のイギリス、ケンブリッジ大学への留学は、明治天皇が「修史局」を設置したことと無関係ではなかった。

修史局（正式には太政官正院修史局）は、明治九（一八七六）年に、慶応三（一八六七）年十月十四日からの出来事を編年体で編纂した『明治史要』第一冊を刊行する。ところが財政不足でそれを存続することができずに廃止となり、あらたに太政官修史館が設置され、『大日本編年史』

を編纂することになる。

もちろん、我が国にも「史家《しか》」と呼ばれる学者がいた。しかし彼らは経学《けいがく》と呼ばれる儒教の経典に依拠する歴史観を持った人たちであった。

とくに、江戸時代は御用学問である朱子学《しゅしがく》の影響を大きく受け、その根幹には、孔子《こうし》が魯《ろ》の歴史書『春秋《しゅんじゅう》』を編纂した時に使ったとされる「春秋の筆法」など、人倫の道を規準にする思想があった。

修史局が太政官修史館になったとしても、その組織のメンバーが変わることはない。

主だった人としては重野安繹《しげのやすつぐ》（一八二七〜一九一〇）、星野恒《ほしのひさし》（一八三九〜一九一七）、川田甕江《かわだおうこう》（一八三〇〜一八九六）、依田学海（一八三三〜一九〇九）、久米邦武《くめくにたけ》（一八三九〜一九三一）などがいた。

いずれも一八〇〇年代前半に生まれた人たちで、江戸の文化が最盛を迎えはじめた時代に漢学の素養を潤沢に受けている。

たとえば重野安繹は薩摩藩出身で、藩校・造士館《ぞうしかん》を経て江戸の昌平黌《しょうへいこう》の生徒となり、漢学者でもあり漢詩人としても知られる塩谷宕陰《しおのやとういん》（一八〇九〜一八六七）や安井息軒《やすいそくけん》（一七九九〜一八七六）に教えを受けている。

また、依田学海は、下総国佐倉藩藩士で藩校・成徳書院《せいとくしょいん》（現・千葉県立佐倉高等学校）で漢学を学び、森鷗外に漢文を教え、幸田露伴《こうだろはん》を文壇にデビューさせた人として知られている。

ただ、この中で久米邦武だけは異色の経歴を持っていた。佐賀藩士で昌平黌で学んだ後、明治四（一八七一）年から特命全権大使岩倉使節団の一行として欧米を視察し、アメリカ合衆国やヨーロッパ各国で統計書や地理、歴史書を多く買い求め、独力で『（特命全権大使）米欧回覧実記』全百巻を編纂していた。

漢学の素養があることが悪いというのではないが、朱子学的な価値観で歴史を書いていくことが、はたして明治天皇のいう「永遠に朽ちることのない大切な典籍（原文では『万世不朽の大典』）」となるのか、また西洋列強の歴史書（もしもそういうものがあれば）に肩を並べるものとなり得るのかという大きな疑問は、当時の人々にも大いにあったのではないかと考えられる。

修史局の設置からはやや時代を経た後だが、久米邦武は、明治二十四（一八九一）年に「神道は祭天《さいてん》の古俗《こぞく》」という論文を発表し、帝国大学教授兼臨時編年史編纂委員からの辞任に追い込まれている。「久米邦武筆禍事件」として知られるが、明治政府が創り上げようとしていた神道的史観を否定し、近代科学としての「歴史学」の必要性を説くものだったからである。

久米のような統計学や地理学などの客観的事実を駆使して歴史を記述しようとする新しい「歴史学」の必要性に気づく歴史家が育ってくると、我が国では「正史」の編纂ではなく、「史料の編纂」が「修史」の目的となってくる。それが明治三十四（一九〇一）年から現在まで刊行が続く『大日本史料』なのである。

二〇二一年現在、元和九（一六二三）年までの史料が東大史料編纂所から刊行され、その数は四百十九冊に及ぶが、そういう意味では、「修史局総裁沙汰書」に見える『日本三代実録』など六国史以降の歴史書の欠落を埋めていくものこそ、『大日本史料』であるとも言えるであろう。

しかし、近代科学に基づく歴史学が移植され、そうした人材が育つまでには膨大な時間を要することになる。

謙澄に課された大きな課題

その黎明期にいたのが、謙澄だった。

すでに触れたように、謙澄も村上仏山から漢学を学び、また自らの漢詩集『青萍集』を刊行した時には依田学海に序文を書いてもらったりして非常に親しい仲だったし、久米邦武や重野安繹とも経学や歴史、漢詩などについて話をする機会もあっただろう。

漢学者として経史の学を修めた重野安繹は、明治十二（一八七九）年十二月、東京学士会院で「ヨーロッパの歴史記述の方法は、我が国のこれまでの歴史書あるいは中国の歴史書に比べて、世の中の移り変わりの展開を非常によく映し出している」という内容の講演「国史編纂の方法を論ず」（明治十三年『東京学士会院雑誌』第一巻第八号掲載）を行っている。

久米邦武ほど強く「国体」を機軸とした歴史編纂の態度を批判するものではなかったが、それでもすでにこの時期、西洋の歴史書の編纂方法が何に基づいているのか、それを知りたいという思いが彼らにもあったことは確かであろう。

その「英仏歴史編纂方法」の研究をマスターする人材として選ばれたのが謙澄だったのだ。

すでに記したが、謙澄は、英国公使館付一等書記見習という立場で、「英仏歴史編纂方法取調」を目的としてイギリスに派遣されたのである。

社会構造を根本から転覆する力を持つヘーゲルの発展史観

時代は少し遡るが、二十代の青年であった謙澄は、明治十一（一八七八）年五月にイギリスに到着して以来、女王への謁見、ベルリン会議についての報告執筆、また日本の軍艦・清輝《せいき》を迎えての歓迎会、さらにはパリ万国博覧会の訪問など多忙を極めながら、「英仏歴史編纂方法研究」についての課題にも取り組んでいた。

第二章でも述べたように、同年十二月七日、謙澄は、「史要問目」と題して歴史編纂に関する質問書をイギリス人の歴史学者に送っている。

今となってはこの質問書が誰に宛てられたものだったのかは不明であるが、中国の正史や、『春秋』『資治通鑑《しじつがん》』のような歴史学の主軸となる西洋の書物を示してもらえるよう依頼したものではなかったかと考えられる。

しかし、そうしたものは存在していなかった。

イギリスの歴史書を挙げれば、ベーダ・ヴェネラビリス（六七二か六七三〜七三五）の『イングランド教会史』、九世紀後半に書かれたものと考えられている『アングロ・サクソン年代記』、八二八年頃にネンニウスによって書かれたとされる『ブリトン人の歴史』くらいで、それ以降のものは主なものとして挙げられるものはない。

フランスの歴史書では、ジャン・フロワサール（一三三七頃〜一四〇五頃）が百年戦争の前半期を書いたものとして知られる他、ジャン・ド・ジョワンヴィル（一二二五〜一三一七）の『聖王ルイ』など中世期のものがあるばかりで、その前後の歴史を、中国の「正史」のような形でまとめたものはなかったのだ。

こうした中で、ヘーゲルの「発展」に視点を置く歴史観は、ヨーロッパの思想に非常に大きな影響を与えることになる。

ルネサンスから始まる啓蒙《けいもう》運動、さらにはフランス革命、産業革命へと文化、経済、自然科学などあらゆる面で社会構造をも根幹から顚覆《てんぷく》する力のひとつとして現れたヘーゲルの発展史観は、レオポルト・フォン・ランケ（一七九五〜一八八六）に引き継がれる。ランケは、「事実の探究そのものを以て己れの本来の任務となす」、あるいは「事実を、そがある通りに認識して、之をそのまま表現すること、これが歴史研究の本質である」（船田三郎「ランケの歴史研究の方法とその根底にあるもの」）とする実証主義と呼ばれる歴史学を構築する。『ラテンおよびゲルマン諸民族の歴史』の序文に書かれる「それは本来いかにあったか」というランケの言葉は非常に有名であるが、このように原点に立ちかえって、その本質を捉え直すことがいかに重要なことであるかをランケは教えたのだった。

このヘーゲル、ランケの後を継いで「歴史とは何か」を考えた一人がゼルフィであり、東京大学のお雇い外国人リースだったのである。

近代科学としての歴史学

謙澄は、まもなく、こうしたことを知ったに違いない。

それならば、西洋の近代科学的方法で、歴史書の編纂方法を誰か書いてくれないか。

こうして出会ったのが、王立歴史学協会の評議員の一人で、多くの講演を行っていた歴史学者・ゼルフィだったのである。

すでに二章でも触れたが、明治十二（一八七九）年三月六日、謙澄はゼルフィに原稿を依頼し、ゼルフィはその半年後の十月五日に、序文を含めた原稿を書き終える。謙澄は、これをロンドンの W.H. and L. Collingridge 社で二百部印刷し、その半分を修史館に送った。

修史館でこの本の到着を待っていたのは重野安繹であった。まもなく、東京大学教授中村正直にその翻訳を依頼したが、中村は一章を訳しただけで、結局、本書は刊行されることはなかった。

その理由のひとつは、重野安繹が『太平記』の史料的価値を否定し、国家神道を推進する水戸派や国学派と呼ばれる人たちが創設した皇典講究所《こうてんこうきゅうしょ》（現・國學院大學）と対立したからである。具体的に言えば、楠木正成《くすのきまさしげ》や児島高徳《こじまたかのり》の美談を史実ではないとする重野安繹を、反対派は許すことができなかった。

国家神道を機軸にした国体か、あるいは近代科学としての歴史学かと問うた時、明治前半期の多くの人が、前者を良しとしたのである。

ゼルフィによれば、歴史編纂の最大の困難は、「真実を認識することのみならず、それを忠実に表現することにある」（マーガレット・メール『歴史と国家』）といい、続けて「歴史家は論理的に考え、明瞭に書き、哲学的考察にも従事すべきであり、永遠に変わることのない人間道徳と知性の法則にもとづく至高の裁判官として振る舞うべきである」（同前）、また、「このためには、人類に対する包括的な愛、真実に対する愛とともに、勇気や思想の自由・独立が必要であって、因果関係を論じるべきだ」（同前）とも記している。

謙澄は、この書について、伊藤博文宛書簡に、「本書は、頼山陽の『日本外史』や『日本政記』などを読んで喜んでいる人たちにとっては不愉快なものであるに違いない」（『伊藤博文関係文書第五巻』）と記している。そして付け加えて「しかし、本書の翻訳は、決して無益ではない」（同前）と言うのである。

だが、繰り返しになるが、国学派、水戸派などと呼ばれた天皇中心の絶対主義を標榜する人たちにとってはこの書は無用で、翻訳刊行に及ぶものではなかった。それが当時の歴史学をめぐる状況だったのである。

ただ、ひとつ付け加えておこう。

謙澄は、イギリス留学から帰国してまもなく、本書が翻訳も刊行もされていないことを知り、東京経済雑誌社で翻訳や編集を担当していた嵯峨正作《さがしょうさく》（一八五三〜一八九〇）に翻訳を依頼した。こうして全訳の原稿は完成したが、残念ながらついに出版されることはなかったのだった。

公表されなかった大日本帝国憲法の起草

謙澄の脳裏には、若い時代のイギリス留学からずっと「歴史編纂」のことが忘れられずにあったに違いない。

第三章で、明治二十一（一八八八）年に日本で初めての博士号授与式が行われた際、謙澄は文学博士を授与されたと記した。ケンブリッジ大学で法学士号を授与されているのだから、法学博士でもよかったはずなのだが、『源氏物語』や『日本美術全書』の翻訳などが文学博士に相応しい業績として認められたからであろう。あるいは、穿《うが》った見方をすれば、法学博士の授与を受けなかったのは、謙澄が大日本帝国憲法の起草に関係したことが分からないようにしたためだったのかもしれないとも考えられる。

謙澄は、ケンブリッジ大学でローマ法なども学んでおり、著作には『ユスチニアーヌス帝欽《きん》定羅馬《ていローマ》法学提要《ほうがくていよう》』『ガーイウス羅馬法解説』『ウルピアーヌス羅馬法範』『羅馬法難問十四題』『羅馬法難問続稿十題』などローマ法に関するものもある。こうした研究が、大日本帝国憲法の起草には非常に重要な役割を果たしたのであろうが、誰がこれを起草をして文案を練ったのかが公表されることはなかった。

ただ、謙澄が亡くなった翌日に発行された「中外商業」に、清浦奎吾の談として次のような記事が載せられている。

「（前略）（謙澄は）欧州を歴游《れきゆう》して経綸《けいりん》の才を磨き帰朝後は伊藤公の知遇を受け伊東巳代治子、金子堅太郎子等と共に憲法草案を作った如きは国家に対する忘る可らざる功労である」

長崎出身で伊藤博文首相の秘書官であり、第三次伊藤内閣では農商務大臣を務めた伊東巳代治、筑前国（現・福岡県福岡市）出身で日露戦争時にアメリカ合衆国でロビー活動を行った金子堅太郎、肥後国（現・熊本県山鹿市）出身で内閣総理大臣に就任した清浦奎吾などとともに、謙澄は大日本帝国憲法の起草にも筆を取っていたのである。

明治二十二（一八八九）年二月十一日に発布される大日本帝国憲法の可否は別として、謙澄には、日本という「国家」の礎《いしずえ》となる憲法を大局的に見て、それを緻密に描き出す驚くべき力があったのだ。

歴史観がなければ歴史は書けない

ところで、大日本帝国憲法の発布の前年、つまり謙澄が文学博士を授与された明治二十一（一八八八）年に、政府は毛利家、島津家、山内家、水戸徳川家に「嘉永癸丑（六年）以降明治辛未（四年）に至る年間、国事《こくじ》鞅掌《おうしょう》の事蹟《じせき》を編述《へんじゅつ》して上呈すべし」という特命を下した。

嘉永六（一八五三）年とは、アメリカ合衆国の東インド艦隊ペリー提督が四隻の黒船を率いて浦賀沖にやってきた年である。そこから明治四（一八七一）年の、廃藩置県が行われ中央集権体制が確立するまでのそれぞれの藩の動向を、史料を添えて提出せよとの命令であった。

期限は三年とし、宮内省からはそのための費用として「御内帑金《ごないどきん》」も下賜された。

長州の藩主であった毛利家では、すでに明治十六（一八八三）年から東京、浜町（現・東京都中央区日本橋浜町）の書庫に史料を集め、明治二十一（一八八八）年には史料の編纂をするために芝白金（現・港区白金）に書庫を建て、翌二十二年には吉田松陰とも親しかった長州藩出身で宮内庁出仕の元老院議官・宍戸《しし ど》璣《たまき》（一八二九〜一九〇一）を総裁に、総勢二十人でこの事業を開始する。「毛利家編輯所」と呼ばれるものである。

こうして、明治二十二（一八八九）年中には、『編年史稿二十二冊』の他、史料収集の謄写《とうしゃ》百六十三冊、諸記録の編年百二十四冊、譜録《ふろく》綴替《つづりかえ》二百六十冊、山口県下での収集書二百六十八冊、国事関係者への履歴の確認のための書簡往復二百五十三通、毛利家本邸から山口用達所往復の書簡六十二通、史談会九回開催、史料収集のため各家へ往復三十一通などの編輯が行われたと記録される。

しかし、政府に提出するに相応しいものはできなかった。

それは、毛利家のみならず、同時に下命を受けた島津家、山内家、水戸徳川家も同じことだった。

なぜか――それは、「実証主義」という歴史観がなかったからである。

史料を読むためには、文献学的に史料を批判する精神がなければならない。そうでなければ、史料の真偽はもちろん、どういう立場で、どういう観点からその史料が書かれたのかを知ることはできない。

史料を並べるだけでは「歴史」にはならないし、自分の都合のいい解釈だけで史料を扱えば、それは牽強付会《けんきょうふかい》となってしまう。

自分が所属した藩の歴史などを書こうとすれば、尚更、相当に高く透徹《とうてつ》した見地から文献や史料を読まなければならないだろうが、それは歴史学など学んだことのない人にできることではなかった。

「期限三年」のうちに史料の提出ができなかった藩主は、明治三十（一八九七）年、連署して、提出延期願いを宮内省に提出せざるを得なかった。

毛利家では、明治二十九（一八九六）年十二月二十三日に毛利家当主元徳《もとのり》が亡くなり、長男元昭《もとあきら》が家督を嗣ぐと、井上馨が財産管理者に任命された。

すると井上は毛利家編纂事業が遅々として進んでいないことに苛立ち、宍戸璣総裁を更迭したのである。

おそらく政府や宮内省からも、井上馨のところに催促が何度もあったに違いない。

井上馨は、宍戸に替わる総裁に相応しい人物を紹介してくれるように伊藤博文に相談した。

伊藤博文が推薦したのは謙澄だった。

そこで井上馨が謙澄に毛利家維新史編纂の監修を依頼すると、謙澄は、自分の人選で編纂員を採用してくれれば引き受けると言ったという。

　こうして謙澄は毛利家編輯所総裁に就任したのである。

『未定稿防長回天史』への痛烈な批判

　謙澄を総裁とした編纂事業は、明治三十一（一八九八）年の春から始められた。提出の期限は、二年であった。

　謙澄が集めたスタッフは、文章力の高い者ばかりである。主な者の名前と採用された時の職業を挙げておこう。

江戸・浅草出身の幕臣、山路愛山《やまじあいざん》（慶應義塾大学文学科史学科教授、「信濃毎日新聞」記者）
江戸・神田末広町出身の幕臣、笹川臨風《ささかわりんぷう》（帝国大学国史科出身、宇都宮中学校長）
岡山藩出身の斎藤清太郎《さいとうせいたろう》（女子高等師範学校、後東京帝国大学教授西洋史科）
豊前国仲津郡出身、堺利彦《さかいとしひこ》（萬朝報記者）

　これら主だった編纂員に、長州藩出身の人はいない。

　そんな中、たった一人、謙澄は、中原邦平《なかはらくにへい》（一八五二〜一九二一）という長州藩出身の人を「補伝記」という係で雇う。

　中原邦平は、周防で漢学を修めた後、上京し、宣教師ニコライにロシア語を学び、のちに井上馨の伝記『井上伯伝』などを書いた人である。毛利家編輯所にはその発足から関係し、誰よりも幕末から明治維新に掛けての長州藩の人々の動きに詳しかったようである。

山路、笹川等の筆がいくら優れているとはいえ、彼ら幕臣出身の者と、長州藩内部でその事情に精通した中原とは立場が違う。

中原が就いた「補伝記」とは、他の編纂員が書いた原稿の誤謬《ごびゅう》を指摘するという係であった。さっそく編纂作業が開始されたが、中原は、謙澄が雇った編纂員の文章を校閲《こうえつ》し書き改めていった。そしてまもなく、皆、中原の指示で文章を書くようになってしまったのだった。

謙澄はこれを知ると激怒し、全員を解雇する。

しかし、謙澄一人で編纂事業を完遂させることができるはずもなかった。

謙澄は、再び山路や笹川等すべての編纂員を呼び集め、井上馨から中原邦平に対して訓戒を与えてもらう。

こうして謙澄は、明治三十三(一九〇〇)年六月末、期限内に『未定稿防長回天史』を編纂し、B6小型版で初版試刷三十部を印刷することに成功した。

ただし、書名にもあるように、これはあくまでも「未定稿」である。

表紙には、「遺漏錯誤《いろうさくご》などに御気付の方は、速《すみやか》に毛利家編輯所へお知らせ願いたい」との旨が記されていた。

しかし、本書は「未定稿」という理由だけでは考えられないほどに、旧長州藩内部からの反感を買ってしまう。

その主な意見は、伊藤博文と井上馨をあまりにも持ち上げすぎているというものと、佐幕派だった小倉藩出身の謙澄、また幕臣である山路や笹川などの立場で書かれたものは、勤王討幕派である長州藩にとってまったく信じるに足りないというものであった。

「社会新報」（明治三十四年八月一日付第二百四十六号）には、「防長回天史編纂事情」という記事が掲載され、その中で「末松の編纂による『回天史』は、はたしてその史料の取捨選択に誤りがないと言えるのかどうか、毛利家の先祖、毛利元就《もうりもとなり》の魂を恥辱に追いやるものと言うべきものはないのか」と痛烈な批判を浴びせかけた。

謙澄は、「社会新報」に対して、何の反論もしなかった。

しかし、堺利彦は、「社会新報」の批判がまったく当たらないとして次のように反論する。

「社会新報は、我々の編集した回天史が、毛利氏のために筆を曲げて他藩の功労を没していると断言して、それを論ずるについては、この修史事業の歴史から記す必要があるとして、このごろしきりにその歴史を書きたてている。（中略）もし社会新報が、忠実なる史家のなすがごとく、確実なる材料と精細なる論理とによって、我々の誤謬《ごびゅう》を指摘するならば、我々は社会新報の熱心と勉強とを感謝して、直ちに我々の稿本《こうほん》を改竄《かいざん》するであろう。もしかくのごとくならば、我々の幸いのみならず、毛利氏の幸いのみならず、実に日本史学界の幸いであろう。我々は決して世の批評を恐れる者ではない。我々の製作物は未定稿として印刷に付し、関係者のもとに配付して、つぶさにその誤謬を指示せられんことを求めているのである」(『堺利彦全集』第一巻「社会新報の『防長回天史編纂事情』を読む」)

謙澄はこの編纂によって、「歴史」を書くことの困難を痛感したのではないだろうか。

それにしても、謙澄を評価したいのは、ここで「毛利家歴史編纂」を放棄しなかったことである。

すでに第四章で記したが、その後、謙澄は、日露戦争下でのロビー活動を経てなお、単独で『防長回天史』を編纂することになるのである。

「防長史談会」の発足

さて、伊藤博文が暗殺される四か月前の明治四十二(一九〇九)年六月、東京靖国神社の能楽堂に防長出身者が集まり「防長史談会」の創立大会が開かれた。

「防長史談会」は、謙澄の「未定稿防長回天史」が「我が長州藩勤王の美歴史を無視する」(広田暢久「毛利家編纂事業史」〈『山口県文書館紀要』其の一〜其の四〉)ものとして、それを是正するために結成されたものだった。

謙澄の毛利家編輯所で「補伝記」係を務めた中原邦平は、「防長史談会」の創立大会で「長藩勤王史の概括的観察」と題して講演し、これに賛同した村田峰次郎《むらたみねじろう》、大田報介《おおたほうすけ》とともに毛利元就から毛利元徳に到るまでの勤王の歴史を纏めようとした。

「防長史談会」などについては、広田暢久「毛利家編纂事業史」に詳しいが、「防長史談会」の創立は、「防長二州の人」でなかった謙澄にとって「部外者」としての意識を強く感じさせるものだったであろう。

その創立の趣旨には、「わが長州藩勤王の美歴史」を是正し、長州藩「先輩の遺鉢《いはつ》」を継承することが掲げられ、併せて「会員募集広告」も掲載された。この時、防長史談会の幹事も発表されたが、当然ながら謙澄の名前があるはずはなかった。

この事業は、大正十（一九二二）年三月の中原邦平の脳溢血による突然の死で求心力を失うが、昭和十一（一九三六）年に東京帝国大学史料編纂掛を定年退職した山口県出身の日本史学者・渡辺世祐《わたなべよすけ》を「三卿伝編纂事業」所長として迎えるなどして継続される。

渡辺は、山口県出身ではあったが中原のような偏《かたよ》った視点からではなく、毛利元就、吉川元《きっかわもと》春《はる》、小早川隆景《こばやかわたかかげ》、毛利隆元、毛利輝元《てるもと》、吉川元長《もとなが》の伝記編纂を行っていく。

謙澄と中原邦平の「史観」の違い

さて、謙澄と中原の間には大きな確執があった。

この点については、非常に重要なことなので、少し触れておきたい。

すでに当時から言われていたことだが、先ず第一の理由としては、伊藤博文と謙澄の間には義理の親子という密接な関係があった。一方、井上馨と中原邦平にも、毛利家を通じて結びついた連帯意識があった。伊藤と井上の仲が悪かったわけではないが、中原は、謙澄が伊藤の腹心でありながら井上とも通じていることへ嫉妬に近いものを感じていたのである。

また、文久三（一八六三）年五月に長州藩が馬関《ばかん》海峡（現・関門海峡）を封鎖してアメリカ、フランス、オランダの艦船を攻撃したことによって起こったいわゆる馬関戦争の際、長州藩は対岸の小倉藩に砲台を築いて挟撃の作戦を試みようとしたが、小倉藩はそれに応じなかった。中原邦平『忠正公勤王事蹟』（明治四十四年五月刊防長史談会三〇七ページ）によれば、「是が小倉と長州と非常に仲の悪くなった所以であります」という。

これによっても、中原は、小倉藩出身の謙澄のことをよく思っていなかったことは明らかであろう。

しかし、歴史の編纂という点から言えば、やはり「史観」の違いが大きな溝として横たわっていた。

同日の出来事の『孝明天皇紀』と『防長回天史』の書き方の違い

謙澄と中原の史観の違いは、謙澄が死の間際に完成させた『防長回天史』と中原邦平の著作を比べてみればよくわかる。

ここまでにもたびたび触れてきたように、歴史の記述の仕方には「紀伝体」や「編年体」など、さまざまな様式がある。

『防長回天史』と中原の著作を比較する前に、まずは明治三十九（一九〇六）年に正史の様式で書かれた『孝明天皇紀』（宮内省先帝御事蹟取調掛編）と『防長回天史』を比較して、歴史の書き方の違いを見てみよう。

『防長回天史』『孝明天皇紀』それぞれの、元治元（一八六四）年七月二十四日に朝廷が出した「萩藩追討の勅令」、いわゆる「第一次長州征討」の記述を見たい。

「萩藩追討の勅令」は、元治元（一八六四）年七月十九日に長州藩が、京都守護職を任命されていた会津藩主松平容保《まつだいらかたもり》を「国賊」と呼び、「天誅《てんちゅう》を請け候」と送戦状を送りつけて京都市中で市街戦を繰り広げた「禁門《きんもん》の変」（蛤御門《はまぐりごもん》の変）を受けて、朝廷が出した勅令である。

文久三（一八六三）年八月十八日以来、長州藩の尊皇攘夷派は京都から追われていたが、天皇に対する真の忠誠を尽くしたのは我々であるという嘆願書を書いて、京都への回復を目指していた。しかし、朝廷は、会津と薩摩によって警護され、長州からの嘆願書は無視されることになる。

長州の尊攘派は、実力で入京を画策《かくさく》し、来島又兵衛《きじままたべえ》が兵を率いて嵯峨《さが》の方面から蛤御門を攻めることになる。

会津と薩摩の武力は強く、長州藩でも尊攘派の代表的存在だった久坂玄瑞《くさかげんずい》、理論的リーダーだった真木和泉《まきいずみ》、また来島又兵衛も亡くなった。

長州はこの蛤御門の変で「朝敵」の汚名を着せられ、第一次長州征討と、英米仏蘭による四国連合艦隊の攻撃を受けることになるのである。

しかし、文久二年の上海への密航で、列強による植民地支配を具《つぶさ》に見て来た高杉晋作《たかすぎしんさく》は、武力と経済力をともなう統一権力を作る必要を説くことになる。高杉は、京都へ失地回復には反対であり、結局、こうした高杉の思想が、伊藤博文や井上馨など長州五傑のイギリスへの渡航に繋がっていく。

さて、こうした背景を考えながら、それぞれの「歴史」の記述方法を見てみたい。

「史料」に語らせる

『孝明天皇紀』（巻百九十二）には、次のように記されている。

「元治元年（甲子）七月二十四日（壬戌）毛利慶親《よしちか》等の罪を断し旨《むね》を幕府に降《くだ》して之《これ》を討せし

む尋《つい》て幕府徳川慶勝《よしかつ》を総督と為《な》し副将以下三十四藩に出征を命せし状を聞《きか》す」とあって、以下、「非蔵人日記《ひくろうど》」「続愚林記《ぞくぐりんき》」「忠能卿記《ただやすきょうき》」などの記録が付けられる。

一八六四年七月二十四日に、孝明天皇は毛利慶親などが犯した罪を断じる旨を幕府に下し、これを討つようにと命令した。そしてこれを受けた幕府が徳川慶勝をその討伐隊の総督として、副将以下三十四の藩に出兵を命じたという状（上申書）を孝明天皇はお聞きになった、というのである。

『孝明天皇紀』は宮内省先帝御事蹟取調掛が編纂したものだが、掛長を務めたのは徳大寺実則《とくだいじさねつね》（一八三九〜一九一九）であった。

徳大寺実則は、東山《ひがしやま》天皇から六世の子孫に当たり、明治天皇の侍従長、宮内卿などを務めたが、非常に厳格公平な立場で、明治天皇の政治的関与を厳しく戒め、また政界に身を置く実弟・西園寺公望とは公的な場所以外では決して口を利かなかったと言われるほどであった。

こうした態度で、どちらの立場にも傾くことなく、事実だけを書く孝明天皇紀の一文は、削り切った文章で記されている。ただ、問題なのは、これは天皇の行為が「実録」に基づいて書かれているだけで、その事件自体が持つ臨場感はまったく感じられない。だが、これこそが、中国の伝統的な「正史」の様式に依拠した書き方なのである。

それでは、謙澄は『防長回天史』でこの部分を、どのように記すのだろうか。

「元治元年七月（中略）二十三日、朝廷　命を幕府に下し、更に毛利氏を追討せしむ。当時洛中兵火に罹《かか》り、民其堵《たみそのと》に安んぜず。京都町奉行乃ち三條橋畔《さんじょうきょうはん》に榜《ぼう》して市民に諭し且つ長人の所在潜伏するものを索《もと》む。而して幕府猶之れを以て足れりとせず、長人を窮追すること益々急にして近国諸侯に令して大《おおい》に之れを索めしむ」

この後、謙澄は、『孝明天皇紀』に「状」として見える「榜示文（御触書）」の全文を引用する。

そして文章を続けて、「八月四日、幕府紀伊中納言を以て追討総督と為し、越前侯松平越前守を以て副総督と為し、次で将軍進発の議あり」と書くのである。

内容としては、『孝明天皇紀』とさほどの違いはないが、『孝明天皇紀』の引き締まった簡素さは『防長回天史』にはない。

中国の正史と同じ「紀伝体」で書こうとすれば、『孝明天皇紀』のように本文だけを簡素に書き、その典拠をつぶさに挙げるということになる。

これに対して、謙澄は、典拠も本文中に入れながら、朝廷、幕府双方の動向を分かりやすく、時間を追って書いて行く。

そして、「案ずるに当時人心の甚だ長藩に帰向《きこう》せることは町奉行榜示文に徴《ちょう》するも之れを知るに足る」と記し、「榜示文（御触書）」を挿入するのである。

謙澄は、「禁門の変」の詳細について「当時の人々の気持ちは長州藩側にあったことが、幕府が立てた『榜示文（御触書）』によって明らかである」と言って、長州藩側にも朝廷側にも立たず、「史料」に語らせるのである。

「此度長州人恐《おそれ》多くも自ら兵端《へいたん》を開き犯禁闕《きんけつ》不容易之騒動に相成諸人之難渋《なんじゅう》も不一方候処残賊も追々召捕取鎮に相成候間（この度、長州の者は、恐れ多くも市街戦を起こして、宮中を不用意の騒動に巻き込んだ。人々はこの事件によって平穏を破られて難渋したことは言うまでもない。この変を起こした長州の残党どももおいおい捕まえられ町も穏やかになるであろう）」

こうした書き方にすれば、典拠に由《よ》りつつ時系列で歴史の動きを追うことが容易になる。

これこそが、原史料を使いつつ、出来事の臨場感をも伝える「実証史学」を目指すものだったと言ってよいだろう。

中原邦平の『忠正公勤王事蹟』の書き方

さて、それでは中原邦平の『忠正公勤王事蹟』の同じ部分を引いてみよう。

「此の時幕府では長州征伐の令を発し、尾張前大納言慶勝公を総督として、諸大名へ出兵を命じましたが、其の出兵を命ぜられた大名の数は三十六藩であります。そうして日を刻して、防長へ討入ると云うことで、段々其の準備が調って参りましたから、防長政府が幕府に対する政策は、寔《まこと》に窮迫を告げました、そこで萩城下の世臣中に、一種の異論が起って、之れを俗論党と唱えましたが、此の俗論党の主張する趣意と云うものは、何しても京都で禁門に向って、発砲するような乱暴な事をして、遂に征討の師を向けられたのであるから、是はドウしても謝罪しなくてはならぬ……京師（京都）の変動と云うものは、姦魁松平肥後守（会津藩主・松平容保）を討取って君側を清める積りであって、決して朝廷へ対して野心を懐いたのではない、今回征討の師と雖も、薩賊（薩摩の賊軍）と会姦（会津の姦賊）が幕府と結託して起したことで……」と続いて行く。

これは、先に触れた「防長史談会」での講演に基づいて作られた原稿である。

読んでみてすぐに思うのは、長州藩内部のことが忖度《そんたく》されながら書かれているということだろう。

おそらく、ここに記されていることの大半は、記録にも残っていないことなのではないだろうか。

読んでいると、明らかに長州藩内部の者しか知らないような、虚実も定かでないようなことも多く記されている。

もちろん、このような「典拠」のない伝聞は、当時の藩内部の「空気」のようなものを伝えるという意味では、中原にしかできなかったことだろう。

しかし、こういうことが許されるとすれば、中原の書き方は、「歴史」より「小説」に近いのではないかと思われる。

幸田成友によって証明される謙澄の「歴史学」の精度の高さ

さて、明治四十四（一九一一）年から大正四（一九一五）年に出版された歴史書の名著に、『大阪市史』がある。

本書は、明治三十四（一九〇一）年二月に、大阪市参事会が「市史編纂」の事業を始め、十余年の歳月を費やして作られたものだった。

謙澄の『防長回天史』と同時期に編輯され、出版されたものと言ってもいいだろう。

編纂顧問に藤沢南岳《ふじさわなんがく》、そして編纂主任には幸田成友《こうだしげとも》（一八七三〜一九五四）が選ばれている。

幸田成友は幸田露伴の弟で、『日本経済史研究』の「武家金融に関する研究」で慶應義塾大学から博士（文学）を授与され、『渋沢栄一伝記資料』『明治天皇紀』などの編纂主査をした歴史学者である。

成友は、明治二十九（一八九六）年、帝国大学文科大学史学科を卒業、同大学院でドイツ人の歴史学者ルートヴィッヒ・リース（一八六一〜一九二八）に師事して歴史学を学んだ。

リースは、ベルリン大学のレオポルト・フォン・ランケの弟子であった。

ランケは『強国論』『世界史概観――近世史の諸時代――』『世界史の流れ』などの名著でよく知られる。史料批判を行うことによって「事実」がどのようなものだったかを客観的に見つめる「実証主義」を基軸に、近代的歴史学を構築した人物で、イギリス、アメリカ、フランス、そして幸田成友などを通して日本の歴史学にも大きな影響を与えた。

こうしたランケの歴史観は、構造的歴史研究が行われるようになる一九六〇年代まで長く主流であり続けた。

では、そうしたランケの流れをくむ成友の歴史の記述とはどのようなものだったのだろうか。成友の弟子でドイツ中世史の専門家であった増田四郎《ますだしろう》が成友の歴史学について記している文章を引こう。

「帝国大学文科史学科で、近代歴史学の祖といわれるランケの流れをくむルードウィッヒ・リースからヨーロッパ実証史学の真髄を学んだという事情もあって、博士（成友のこと）の歴史学は、先入主や理論的要請をもって史実にのぞむのではなく、あくまでも原史料をして語らしめる徹底した実証史学の先駆的なものであった」（増田四郎「幸田成友」『日本の歴史家』〈一九七六年日本評論社一九五頁〉）

じつは、謙澄がイギリスに留学した翌年に執筆を依頼したゼルフィは、このランケの歴史学にも精通した歴史学者だった。ゼルフィは『歴史科学』の中にランケの名前を引いている。ただ、謙澄が修史館に送った『歴史科学』は、幸田成友の師・リースによって「無用」と判断されたようである。

その理由は三つあった。ひとつ目はゼルフィがハンガリー人の亡命者でカール・マルクスと親しい間柄であったということ。ふたつ目はゼルフィの思想は、ダーウィンの進化論に影響を受けていたこと。そしてもうひとつは、リースが自分こそランケの歴史学を日本に移植する者だという自負を抱いていたことである。つまり、主に思想的な相違によるもので、学問的なものが理由ではない。

現代の目で客観的に見れば、謙澄が、ゼルフィから習得した実証主義的な歴史記述の方法は、当時最先端の精度の高いものだったと言えるだろう。

毛利家の高い敷居

謙澄は、当時、猛威を振るったスペイン風邪に罹って大正九（一九二〇）年十月五日に亡くなった。

謙澄は、亡くなる四か月前、『防長回天史』の改稿を終え、九月に「再版緒言」を書いている。

明治三十三（一九〇〇）年六月に『未定稿防長回天史』が編纂されてから十一年後の明治四

十四（一九一一）年六月、謙澄は、初編『防長回天史』を脱稿する。そして、さらにこれに九年の歳月を掛けて手を加え、ついに大正九（一九二〇）年九月に『修訂・防長回天史』を脱稿したのだった。緒言にある「再版」とは、「修訂」の意を含んで「未定稿防長回天史」の「初版」三十部に対するものである。

じつに毛利家編輯所総裁を委嘱された明治三十（一八九七）年一月から二十三年に及ぶ事業であった。

「毛利侯爵家の依頼で、本書の編纂に着手したのは、明治三十一（一八九八）年のことだった。今から数えて二十数年前になる。何年間の間、故あり本書の編纂から離れたことはあったが、毛利家からの許諾を得て、自力でこの編纂事業を継続させて来た。政治上、社交上の功名や義務もすべて抛《なげう》ち、昼となく夜となく、心と手を、この事業にだけ邁進させてきた。六月末日、全部で十二巻になるものを完結させ、九月中旬には校正も終わる予定である」

この「再版緒言」の中に記される「故あり」は、『未定稿防長回天史』出版後の長州の人たちの批判と日露戦争にともなう渡英などを指す。

毛利家歴史編輯所から解雇された謙澄は、『未定稿防長回天史』を「定稿」にするための資金をどこからも得ることができなかった。また「ただ一年間に一〜二回、中原邦平や時山弥八が末松邸に赴き、史料の貸与を行う程度」であったとすれば、さまざまな史料も自由に見ることはできなかった。

それでも、次のような記録が残されているという。

これも、謙澄の毛利家記録課への来課などに詳しく触れている広田暢久の文章を引こう。

「大正七（一九一八）年一月になると、久しぶりに末松謙澄が来課し、毛利敬親（慶親）のことを記した『忠正公一代編年史』の借用を願っている。翌二月、末松が眼病で入院すると時山は見舞にかけつけ、七月にはまたもや病気の回復した末松が来課しているし、八月には末松の要請により『奥州出役日記』を貸与している。この史料は大正八年十月に返却されているので、一カ年以上末松が貸りていたことになるが、この史料は『防長回天史』第六編上に含まれている時代であり、末松はこの時に六編の校正をしていたと考えられる」（「毛利家編纂事業史」）

広田はまた、次のように言う。

「大正九年、『防長回天史』第十一巻・第十二巻を印刷中、末松は再び足繁く毛利家記録課に来課する。一月一回、四月一回、六月五回、七月四回、八月五回、九月四回、以上が末松の来課回数である。また九月には中原・時山が一回ずつ末松邸を訪れている。このような末松の来課は、『初版本』校正のためとはとても考えられないので、大正九年にはすでに『修訂本』刊行のためであったと考えられる。『初版本』と『修訂本』との一番大きな相違は、『修訂本』には補遺・付録が全編にわたってつけ加えられているが、この補遺・付録を書くため、末松はこの年毛利家の高い敷居をまたいだのであろう。『初版本』六編は、これまでの編と異なり、全文片カナ文であり、これは『未定稿本』とまったく同様である。これはなぜであろうか。思うに末松はこの頃体力がおとろえ、『未定稿本』を校正するだけの気力がなかったが、最後の力をふりしぼって、補遺・付録を書いたのではないかと推察される」（同前）

私財をなげうっての『防長回天史』出版

さて、謙澄の日本美術史研究に詳しい植田義浩によれば、謙澄はかなりの数の重要な美術品を持っていたとされる。

このことは、謙澄没後の翌日に発行された大正九年十月六日「時事新報」に、「子爵（謙澄のこと）は趣味の広いお方で絵画骨董には独特の見識をもっておられた。先ず愛玩的で、これと見込まれると歴史に遡って調査を遂げ、しかも収集されたものはことごとく系統の一貫したものでした」と謙澄が贔屓にしていた骨董商の談話が載せられていることによっても明らかである。

こうした謙澄の収蔵品は、どこに行ってしまったのだろうか。

謙澄の蔵書は、現在全部で約七百点が中央大学図書館に所蔵されている。

しかし、ここには書画などの美術品はない。

じつは、謙澄は、大正二（一九一三）年に『私家版末松謙澄蔵品目録』を作った後、大正八（一九一九）年に三百点を東京美術倶楽部で売却した。

コレクションの幅は非常に広く、その質も高かった。

平安期の古筆《こひつ》に始まる多数の仏画、南宋の馬遠《ばえん》らの中国絵画、紀貫之《きのつらゆき》や藤原定家《ふじわらのさだいえ》の歌切《うたぎれ》、室町期の雪舟・周文《しゅうぶん》、さらに狩野派の多くの作品及び茶道具や工芸品、（中略）その他一休《いっきゅう》禅師の墨蹟《ぼくせき》や明治の元勲たちの書に加え、池大雅《いけのたいが》、渡辺崋山《わたなべかざん》といった文人画も多かった。

これら美術品の売り立てと、同じく大正八年に軽井沢の別荘・泉源亭を売却して得た金は、すべて『防長回天史』の編纂と出版に注がれた。

「知己を千歳に待たん」

謙澄は、衆議院選挙に当選後、法制局長官、内閣恩給局長、逓信大臣、内務大臣、枢密院顧問官などの政治の分野でも要職に就いた。

逓信大臣に就任した際、翻訳家・ジャーナリストとして知られる黒岩涙香《くろいわるいこう》（一八六二〜一九二〇）は、新聞「万朝報《よろずちょうほう》」（明治三十一〈一八九八〉年一月十四日号）に次のような談話を発表している。

「末松、曾禰（荒助）、伊東（巳代治）の徒《と》、果《はた》して政治の責任を負《おう》に足《た》る可《べ》き者なる乎《か》」

黒岩の指摘はおそらく半分は当たっている。

謙澄は政治家ではなく、学者であった。

謙澄は、ケンブリッジ大学在学中に友人・藤田鳴鶴《ふじためいかく》に宛てて、「僕にして、もし志を政治上に得ずんば、願わくばアリストテレス、ニュートン等の事を学びて知己を千歳に待たん」と書き送っている。

「もし、わたしに政治の世界での志を得なかったとしたら、アリストテレスやニュートン等の事を学んで真の友を千年の間待つことにしよう」というのであるが、謙澄は『防長回天史』で、嘉永六（一八五三）年のペリー来航から明治四（一八七一）年までの歴史を「知己を千歳に待つ」想いで綴っていたのではないだろうか。

謙澄は、ヘーゲルの発展史観から生まれて来た実証主義という歴史観をもって日本の開国から維新への動乱、またその後の急速な近代化と日清、日露の戦争を見つめていった。

しかし、近代化へと進んで行く日本は、かつて欧米の人たちの目からすれば「太平洋に浮かぶ美しき真珠の島」であった。

大森貝塚《おおもりかいづか》を発見したエドワード・モースの『日本その日その日』によれば、ウィリアム・スターギス・ビゲロウから、モースは、「君と僕とが四十年前親しく知っていた日本の有機体は、消滅しつつある。（中略）我々の年齢の人間こそは、文字通り、かかる有機体の生存を目撃した最後の人であることを、忘れないで呉《く》れ。この後十年間に我々がかつて知った日本人はみんなべレムナイツ〔今は化石としてのみ残っている頭足類の一種〕のように、いなくなって了《しま》うぞ」（モース『日本その日その日』の緒言）と言われたという。

モースの『日本その日その日』には、喪われつつあった古い日本の気色や音が克明に描かれている。

謙澄の上京は、モースの来日に先立つこと六年の明治四（一八七一）年であった。明治四年の東京は、さらに江戸の雰囲気が色濃く残っていたに違いない。

こう言ってよければ、謙澄は、自らの人生と日本という国家の発展の歴史を検証しながら、『防長回天史』を編んでいったのではなかっただろうか。

大正九（一九二〇）年十月二日、枢密院議会に出席したのが謙澄が公に姿を現した最後であった。議会の間に気分が悪くなり、芝区西久保城山町の自邸（現・港区虎ノ門四丁目）に戻ったが、その三日後に亡くなった。

感冒性スペイン風邪から併発した急性肋膜炎によるもので、享年六十六であった。

「明治」という時代、「日本」を言葉で創り、守った男、末松謙澄の生涯はまだ深い闇に閉ざされて分からないことも多い。しかし、この時代になくてはならなかった一人の人物として、今後研究が進み、顕彰されていくことになるであろう。本書がその礎のひとつとなれば幸いである。

■末松謙澄　略年譜

和暦（西暦）	年齢	事項　太字は時代背景
嘉永六年（一八五三）		**米国ペリー提督の浦賀来航。**
嘉永七年（一八五四）		**日米和親条約締結。**
安政二年（一八五五）	一歳	8月20日　豊前国京都郡前田村（現・福岡県行橋市）に大庄屋末松七右衛門と伸子の四男として生まれる。幼名は線松。
安政五年（一八五八）	四歳	**日米修好通商条約・貿易章程調印。その後、日蘭、日露、日英、日仏間でも修好条約調印。**
慶応元年（一八六五）	一一歳	8月　村上仏山の私塾水哉園に入塾。
慶応二年（一八六六）	一二歳	**丙寅の役（第二次長州戦争）勃発。**
慶応三年（一八六七）	一三歳	**大政奉還。**
慶応四年（一八六八）	一四歳	**9月8日より明治に改元。**
明治四年（一八七一）	一七歳	上京し、佐々木高行家の書生に。**廃藩置県。**
明治五年（一八七二）	一八歳	師表学校（後の東京師範学校）入学試験に合格するも入学は辞退。高橋是清と知り合う。
明治七年（一八七四）	二〇歳	「東京日日新聞」に入社し、笹波萍二の名前で記事を執筆。福地桜痴と

		知り合う。
明治八年（一八七五）	二一歳	**9月　江華島事件勃発。** 伊藤博文の知遇を得、12月に「東京日日新聞」を退社すると正院御用掛に任じられ官界に入る。
明治九年（一八七六）	二二歳	1月　特命全権弁理大臣、黒田清隆に随行し朝鮮に赴く。**2月　日朝修好条規締結。** 3月　帰国。4月　工部権少丞となる。7月　法制局勤務となる。
明治一〇年（一八七七）	二三歳	1月　太政官権少書記官、法制局専務。**2月　西南戦争勃発。** 6月　兼補陸軍省七等出仕、西南戦争の征討総督本営付となる。この際、西郷隆盛への降伏勧告状を起草。
明治一一年（一八七八）	二四歳	2月　英国公使館付一等書記見習の肩書で英仏歴史編纂方法研究のため渡英。5月　ヴィクトリア女王、英国皇太子に謁見。
明治一二年（一八七九）	二五歳	評論『偉大なる征服者ジンギスカンと日本のヒーロー義経の正体』（The Identity of the Great Conqueror Genghis khan with the Japanese hero Yoshitsune）をロンドンで、漢詩五十編を収めた『明治鉄壁集』を日本で出版。
明治一五年（一八八二）	二八歳	世界初の英訳『源氏物語』をロンドンのTRÜBNER社より刊行。
明治一六年（一八八三）	二九歳	**7月　鹿鳴館落成。** 10月　ケンブリッジ大学セント・ジョンズ・カレッジに入寮。11月　講演をまとめた『希臘古代理学一斑』出版。

明治一七年（一八八四）	三〇歳	6月　ケンブリッジ大学を卒業。この頃、ウィリアム・アンダーソンによる日本美術史の先駆的研究書「The Pictorial Arts of Japan」の編纂に寄与。**11月　ベルリン会議。**
明治一九年（一八八六）	三二歳	帰国。3月　文部省参事官となる。4月　内務省参事官に転任。8月　演劇改良会を提唱し発足。
明治二〇年（一八八七）	三三歳	3月　内務省県治局長。4月　井上馨邸で天覧歌舞伎を演出。
明治二一年（一八八八）	三四歳	2月　バーサ・M・クレイ著の小説『谷間の姫百合』（原題 Dora Thorne）を翻訳出版。6月　文学博士の学位を授けられる。
明治二二年（一八八九）	三五歳	4月　伊藤博文の次女・生子と結婚。**大日本帝国憲法発布。**
明治二三年（一八九〇）	三六歳	7月　第一回衆議院議員選挙に当選（福岡県第八区）。
明治二五年（一八九二）	三八歳	2月　第二回衆議院議員選挙に再選。9月　第二次伊藤博文内閣の法制局長官に就任。
明治二六年（一八九三）	三九歳	10月　内閣恩給局長を兼任。
明治二七年（一八九四）	四〇歳	**1月　露仏同盟締結。**3月　衆議院議員に三選。**7月　日清戦争勃発。**8月　朝鮮の視察に赴く。
明治二八年（一八九五）	四一歳	男爵に叙勲される。3月　朝鮮政府への借款供与交渉のため渡朝。**4月　日清講和条約（下関条約）締結。露独仏による三国干渉。**

明治二九年（一八九六）	四二歳	貴族院議員となる。
明治三〇年（一八九七）	四三歳	1月　毛利家歴史編輯所総裁に任命。7月　ウィリアム・アンダーソン著「The Pictorial Arts of Japan」の翻訳本『日本美術全書』出版。
明治三一年（一八九八）	四四歳	1月　第三次伊藤内閣の逓信大臣に就任。
明治三三年（一九〇〇）	四六歳	6月　『未定稿防長回天史』編纂。9月　伊藤博文主導の立憲政友会結成に創立委員として加わる。10月　第四次伊藤内閣の内務大臣に就任。**義和団事件**。
明治三五年（一九〇二）	四八歳	**日英同盟調印**。
明治三七年（一九〇四）	五〇歳	**日露戦争勃発**。2月　ヨーロッパに親日世論を形成するため横浜を出港。3月3日　アメリカでセオドア・ルーズベルト大統領、ジョン・ヘイ国務長官と会見。3月13日　イギリス到着。3月18日　ランズダウン外務卿と会見。**4月　英仏協商調印**。4月から翌年11月までに少なくとも講演4回、論文13本、雑誌・新聞などへの記事11本、書籍『昇天旭日』『夏の夢、日本の面影』2冊を執筆。
明治三八年（一九〇五）	五一歳	**8月　第二次日英同盟締結。9月　日露講和条約（ポーツマス条約）締結**。
明治三九年（一九〇六）	五二歳	2月　帰国。3月　枢密顧問官に任命。
明治四〇年（一九〇七）	五三歳	4月　帝国学士院会員となる。9月　子爵に陞爵。12月　宮内省御用掛

		ならびに韓国皇太子殿下御教養掛に任命。
明治四二年（一九〇九）	五五歳	**10月　伊藤博文暗殺。**
大正三年（一九一四）	六〇歳	**第一次世界大戦勃発。**
大正六年（一九一七）	六三歳	**ロシア十月革命。**
大正七年（一九一八）	六四歳	4月　法学博士の学位を授与。
大正八年（一九一九）	六五歳	**第一次世界大戦講和のためのベルサイユ条約締結。**
大正九年（一九二〇）	六六歳	9月　『修訂・防長回天史』全篇脱稿。
		10月5日　感冒性スペイン風邪から併発した急性肋膜炎により逝去。

謝辞

謙澄については、夙《と》く、筆者がまだ学部生だった頃、歴史学者・大久保利謙《おおくぼとしあき》先生のご自宅で蔵書を立教大学に寄贈されるためのお手伝いをしている時に、幾度となく話を聞いていた。「いつか、だれかが謙澄についてはまとめなければいけない。明治国家の在り方、近代歴史学の面など、謙澄が果たした役割は大きい」と。

まさか、その役が自分に回ってくるとは思いもよらなかった。

ここに記して、末松謙澄について書く機会を下さった行橋市市長・田中純様、末松謙澄顕彰会会長・植田義浩様、諸々お世話を下さった行橋市の辛嶋智恵子様、また謙澄に関する資料をお貸し下さり御助言といつも変わらぬ励ましを下さった御師匠・林望先生、さらに本書の出版に全面的に御協力下さった集英社インターナショナルの松川えみ様には衷心より御礼を申し上げる次第でございます。

図版提供

169ページ　大磯町郷土資料館所蔵

207ページ　朝日新聞社提供

山口謠司《やまぐちようじ》

大東文化大学文学部教授。一九六三年、長崎県生まれ。中国山東大学客員教授。博士（中国学）。大東文化大学卒業後、同大学院、フランス国立高等研究院人文科学研究所大学院に学ぶ。ケンブリッジ大学東洋学部共同研究員などを経て、現職。『炎上案件　明治／大正　ドロドロ文豪史』（集英社インターナショナル）など著作多数。『日本語を作った男　上田万年とその時代』（集英社インターナショナル）で第二九回和辻哲郎文化賞受賞。

明治《めいじ》の説得王《せっとくおう》・末松謙澄《すえまつけんちょう》
言葉《ことば》で日露戦争《にちろせんそう》を勝利《しょうり》に導《みちび》いた男《おとこ》

二〇二一年六月一二日　第一刷発行

インターナショナル新書〇七六

著者　山口謠司《やまぐちようじ》
発行者　岩瀬　朗
発行所　株式会社 集英社インターナショナル
〒一〇一-〇〇六四 東京都千代田区神田猿楽町一-五-一八
電話 〇三-五二一一-二六三〇
発売所　株式会社 集英社
〒一〇一-八〇五〇 東京都千代田区一ツ橋二-五-一〇
電話 〇三-三二三〇-六〇八〇（読者係）
〇三-三二三〇-六三九三（販売部）書店専用
装幀　アルビレオ
印刷所　大日本印刷株式会社
製本所　大日本印刷株式会社

 ISBN978-4-7976-8076-8　C0295

インターナショナル新書

072
ランボーはなぜ詩を棄てたのか
奥本大三郎

一九世紀フランスの天才詩人アルチュール・ランボー。二〇歳で詩作を棄てるまでの半生を、著者による詩の新訳とともに追う。そして難解な散文詩「イリュミナシオン」から「詩を棄てた理由」を読み解く、意欲作。

073
あなたの隣の精神疾患
春日武彦

身近な精神疾患の数々と、その対応法が理解できる入門書！　双極性障害や統合失調症から、承認欲求や共依存などまでを、興味深いエピソードを交えて解説する。周囲と自分の生きやすさに繋がる一冊。

074
ルポ 日本のDX最前線
酒井真弓

日本再生の鍵と言われる〝DX（デジタルトランスフォーメーション）〟。その実態とは？　官民の枠を超えて「DXの最前線」に立っている人々を取材。その足跡から「真のデジタル化」への道筋を探る。

075
ゴミ清掃芸人の働き方解釈
滝沢秀一
田中茂朗

今、必要なのは改革よりも解釈だ！　お笑い芸人とゴミ清掃人というダブルワークを実践する著者がたどり着いたのは数々の「働き方解釈」だった。それは働くことについて悩み考える、すべての人へのヒントとなる。